By the same author:

POETRY ~ VERSEK

Taxi! Taxi! (Maitai River Press, 2008)

CDs ~ CDk

Born in Budapest with music by Gábor Tolnay (2010)

Love & War in the Yurt with music by Gábor Tolnay and Simon Williams (Maitai River Press, 2014)

MEMOIR ~ MEMOÁR

Budapest Girl (Maitai River Press, 2015)

A TONGUE IS NOT FOR LASHING

~

NYELVÜNK NEM OSTOR

A TONGUE
IS NOT FOR LASHING
~
NYELVÜNK NEM OSTOR

English ~ Hungarian
Poems
Versek

By
Panni Palásti

MAITAI RIVER PRESS

www.maitairiverpress.co.nz

Published 2017
by Maitai River Press

MAITAI RIVER PRESS

ISBN 978-0-473-40635-6

A catalogue record for this book is available
from the National Library of New Zealand.

© Copyright Eva Brown 2017
All rights reserved.

Except for the purpose of fair reviewing, no part of this publication may be reproduced or transmitted in any form or by any means, electronic or mechanical, including photocopying, recording or any information storage and retrieval system, without prior written permission from the publisher.

Cover and other photographs by László Palásti
Design by Allan Innes-Walker

Printed by The Copy Press, Nelson, New Zealand. www.copypress.co.nz

For those who walk barefoot

~

Ajánlom a mezítlábasoknak

Contents

The Reader's Task	x	Cabbage Song	50
Preface	xxiv	**Fibonacci and Love**	52
In praise of distance	2	I am 10	54
Time and Time Again	4	I am 30	56
Sunday tennis	6	I am 50	58
Time and time again	8	I am 80	60
The line-up	12	**Modern Vertigo**	62
Kárpát Street 7/B	14	Spinning planet song	64
dud bombs	16	Cockcrow	66
Memory trigger	18	A mother's day	68
the winter of 1944	22	To God without envy	72
the bridges of Budapest	24	I am 60 percent water	76
Gross Aktion Berdichev	26	Taranaki New Zealand	80
After midnight	30	Terra incognita	84
Pigeons in the Park	32	A girl in a red truck	86
Mother's song	34	Just washed dog	88
After Basho	36	Aunt Mari	92
Pedestals	40	testament	98
A ghost in Russell	42		
Lacrimae Rerum	44	Notes	100
Granny knots	46	Acknowledgements	118

Tartalom

Az Olvasó Feladata	xi	Káposzta dal	51
Előszó	xxv	**Fibonacci és a Szerelem**	53
a távolság dicsérete	3	tízévesen	55
Újra És Újra	5	harmincévesen	57
Vasárnapi tenisz	7	ötvenévesen	59
Újra és újra	9	nyolcvanévesen	61
Sorakozó	13	**Modern Vertigó**	63
Kárpát utca 7/B	15	forgó bolygó nóta	65
alvó bombák	17	Kukorékol a kakas	67
Illatos lonc virág	19	Egy anya napja	69
1944 tele	23	Istenhez	73
Budapest hídjai	25	60 százalékom víz	77
Gross Aktion Berdichev	27	Taranaki Új-Zéland	81
Éjfél után	31	Terra incognita	85
Galambok a Parkban	33	eperpiros	87
Anyám dala	35	Frissen mosott kutya	89
Basho után	37	Mári ángyi	93
Piedesztál	41	testamentum	99
Kísértet Russellban	43		
Lacrimae Rerum	45	Jegyzetek	101
Nagymama két keze	47	Koszonettel	119

The Reader's Task

Introduction to the Poems of Panni Palásti

By

Marianna D. Birnbaum

This volume is not just a collection of poems in two languages. It is mostly about the quest to express the same feelings and thoughts in two vastly dissimilar languages. It is about the poet's desire to reach her reader, despite differences in culture and historical experiences. Therefore, the reader is handed a three-pronged book: a 'critical edition,' because the volume contains, poems, literary translations and accompanying notes. Palásti honors her fortunate reader with revealing the trade secrets of her art, the dilemmas connected to 'selections' and 'rejections.' The enjoyable task of the reader is to participate in this process and follow the poet along the gestation and biography of her work.

When reading this bilingual volume, our first, and possibly most important task will be to think of the structural differences between those two languages. Hungarian is an agglutinating language, meaning that the connection between the parts of speech is expressed by endings. English is an isolating language and, accordingly, the relationships

Az Olvasó Feladata

Előszó Palásti Panni verseihez

Marianna D. Birnbaum

A kötet, amit az olvasó a kezébe vesz, nem csak versek gyűjteménye két nyelven, hanem arról is szól, hogy két egymástól idegen nyelven hogyan tudjuk ugyanazokat a gondolatokat, érzelmeket kifejezni; arról a költői célról, hogy két különböző kultúra, több generáció különböző történelme ellenére, a költő hogyan éri el és hogyan tudja megszólítani az olvasóját. Háromágú könyv ez: izgalmas 'kritikai kiadást,' verseket, fordításokat és jegyzeteket tartalmaz. Palásti azzal tiszteli meg olvasóját, hogy művészetének műhelytitkait, az alkotás és az újraalkotás dilemmáit tárja fel. Az olvasó örömteli feladata csupán az, hogy részt vegyen ebben a folyamatban és soron kövesse a kötetben található versek életrajzát.

E kétnyelvű kötet olvasásakor, az első és talán legfontosabb feladatunk, hogy emlékezzünk a két nyelv szerkezeti különbségére. A magyar agglutináló nyelv, ami azt jelenti, hogy a mondatrészek összefüggéseit végződések jelzik. Az angol izoláló nyelv, amelynek értelmében a mondatbeli relációkat különálló szavak fejezik ki. Az

within the sentence are noted by separate words. Therefore, English word order is much more essential than Hungarian (*a fiú megölte a farkast*, or *a farkast megölte a fiú*, in Hungarian, means but a shift in emphasis, whereas in English, *the boy killed the wolf*, or *the wolf killed the boy*, turns the meaning of the sentence into its opposite).

Endings offer ample possibilities to create assonances, and thus they play an essential role in rhyming Hungarian poetry. Assonances are more 'elastic' than pure rhymes, soften the sharpness of rhyming couplets and can be integrated more smoothly into the text than in English where, ever since Shakespeare, blank verse (iambic pentameter) is the chosen form of poetry. Let's look at two lines in a poem by Panni Palásti:

Gyere velem   *Invitation*

… hallgasd a háborgó hullámokat   *… watch the weeping waves*
nézd ahogy elmossák lábnyomodat   *erase your footprints*

In my reading, the Hungarian poem begins by an allusion to *Vade mecum* (the message of Jesus): it calls the reader to step out of the boundaries of modern life and follow the poet on the road that – along unspoiled nature and fairy tale forests – leads them to discover the eternal rites and rituals of life and death. The English title, *Invitation*, does not contain this secret message. It is quite possible that this is just my reading of the poem, but it were very sad if the reader could only find in a poem the stuff the author had placed there. Let us look at them again:

hallgasd a háborgó hullámokat   *watch the weeping waves*
nézd ahogy elmossák lábnyomodat   *erase your footprints*

angolban ezért a szórend sokkal fontosabb, mint a magyarban (*a fiú megölte a farkast*, vagy *a farkast megölte a fiú*, a magyarban csak hangsúlyváltozást jelent, viszont : *the boy killed the wolf*, vagy *the wolf killed the boy*, megfordítja a mondat értelmét).

A szóvégződések nagy lehetőségeket kínálnak és főszerepet játszanak a rímes magyar verselésben; az így keletkezett asszonáncok rugalmasabbak a tiszta rímnél, letompítják a rímek élét, könnyebben simulnak bele a szövegbe. Ezért a modern magyar verselésben több a rímes/asszonáncos megoldás mint például az angolban, amelynek szinte Shakespeare óta a *blank verse* (rímtelen jambikus pentameter) a kedvelt versformája.

Vegyük példának Palásti Panni e versének egy kétsoros részletét:

Gyere velem	*Invitation*
… hallgasd a háborgó hullámokat	*… watch the weeping waves*
nézd ahogy elmossák lábnyomodat	*erase your footprints*

A magyar vers az én olvasatomban *Vade mecum* krisztusi üzenetére utalva kezdődik: hívja az olvasót, hogy lépjen ki a modern életből, kövesse a költőt az ősi, romlatlan természet és az abból születő mesék és élmények útján, hogy együtt értsék meg az élet és halál örök rítusait. Az angol *"Invitation"* cím nem foglal magában titkos üzenetet. Lehet, hogy ezt csak beleolvastam a versbe, de szomorú lenne, ha az olvasó csak azt találná meg egy írásban amit a szerzője beletett.

Olvassuk el újra ezt a két sort:

…hallgasd a háborgó hullámokat	*watch the weeping waves*
nézd ahogy elmossák lábnyomodat	*erase your footprints*

This rhyming couplet, built on assonance, leads the reader to the deepest end of the poem. But the Hungarian lines have yet another function: the parallel established in them addresses two of our senses: hearing and seeing. These will become the flagships of the poem, the building blocks of the final thoughts. Although form and content remain in an inalienable connection in the Hungarian poem, in the English version the translator had to give up one of the two guiding words, as well the paired rhymes, in order to retain the notion of the recurring movement of the sea, here built on alliteration (h,h,h= w,w,w). She sacrificed "listen to," because she obviously decided that alliteration would better serve to convey the mood than either the use of assonance or parallels. This shows us that each translation is based first of all on the process of 'selection' and 'rejection.' If the English poem is the original, we have gained an especially successful Hungarian translation. We must judge the two poems not just next to each other, but also separately, to appreciate how fortunate the translator's decisions had been.

Each of those decisions is a Gordian knot, because when translating, the recurring question is what to keep, what is primary in the complex of form and meaning. This struggle cannot end in a total victory, since the original poem is built, precisely, on that single literary solution of the poet, that unique amalgam of form and meaning. In the duel between form and content usually form is the loser; the translator strives to retain the vocabulary, believing that the content is the foremost guardian of the poet's intentions, reflecting the soul of the poem. John Dryden translated Virgil's *Aeneid* (written in dactylic hexameter), in rhyming couplets (1709), whereas Robert Andrews resolved the problem by using blank verse (1766). Modern poetry often substitutes rhyme with synecdoche, rhythm or other non-rhyming poetic devices, in the original texts and translations as well.

Ez az asszonáncra épülő rímpár vezeti az olvasót a vers mélyére. A két magyar sornak azonban van még egy fontos funkciója; a felállított parallel két érzékszervünkhöz fordul: "*hallgasd*" és "*nézd.*" Ezek lesznek a vers vezérszavai, rájuk épül majd a végső gondolatsor is. Noha a tartalom és a forma a magyar versben elválaszthatatlan kapcsolatban áll, ezt a két szót, valamint a rímpár ritmusát mégis fel kellett adnia a fordítónak, hogy megőrizhesse, az alliterációra épülő, tenger visszatérő mozgását (h,h,h =w,w,w). Kimaradt a "*hallgasd*," mert a fordító úgy döntött, hogy a sorok hangulatát az alliteráció jobban őrzi, mint akár az asszonánc, akár a *hallgasd* és *nézd* párhuzama. Ha az angol vers az 'eredeti,' akkor egy különösen jól sikerült fordításról van szó.

Vagyis minden fordítás elsősorban szelekcióból áll. A verseket nemcsak egymás mellett, hanem külön olvasva kell értékelnünk, hogy meg tudjuk ítélni milyen szerencsés volt a fordítói elhatározás.

Gordiuszi csomó ez, mert mint látjuk, fordítás közben szinte állandóan felmerülő kérdés, hogy a tartalom és forma összességéből, melyik megőrzése az elsődleges igény. Nagy és teljes sikerrel sosem végződhető harc, hiszen az eredeti vers éppen hogy a kettő elválaszthatatlan egybefonódására épült, alkotójának egyszeri megoldása volt.

A tartalom és forma megőrzésének párbajában legtöbbször a forma veszít, a fordító a szókincsét igyekszik átmenteni, úgy érezve, hogy inkább az őrzi a költői szándék lényegét, a vers lelkét.

Vergilius *Aeneas*-át, amelyet a költő daktilusos hexaméterben írt, John Dryden páros rímben fordította le (1709), míg Robert Andrews blank versben oldotta meg a problémát (1766). A modern verselés egyébként is gyakran hangszínnel, ritmussal pótolja a rímet, az eredeti szövegben is, nemcsak a fordításban.

De még akkor sem érkeztünk el a vers 'mélyére,' ha sikerül is a mondatokat szó szerint visszaadnunk. Vegyünk egy egyszerű magyar

But even if we succeed transmitting the entire vocabulary of a poem, we still have not reached its 'deepest' meaning. Let us take a simple example in Hungarian: "*Nézte a naplementét.*" Hungarian has no grammatical gender, but even more unusual, in third person the gender of the person remains undisclosed. In English, we need the personal pronoun, *he* or *she,* to identify the subject's gender. Hungarian remains elusive; we don't ever have to learn the person's gender, therefore, in our reading, we can 'translate it' to the gender of our choice. If we further 'peel' off the text, we realize that even in case of an exact translation, when reading the lines, the reader's own 'sunset-conception' will determine the image that it conjures up in his/her mind. You experience a different kind of sunset on the Adriatic coast and in the African desert. If we read that the woman went to the window and looked out, a different picture appears, if she wears a crinoline and has to walk carefully, or a modern dress in which she can move freely. Even these simple examples will demonstrate that without the background (the context), a totally uninformed reader will helplessly seek the connections between the images found in a poem.

The poet relies on the reader's help, hoping that he/she will find some familiar nodes of contact, and trusting those, he/she will be able to 'navigate' in the text more confidently. Actually, the reader faces the same issues of associative context, in his/her native language. There too, the reader must 'bring along' some information in order to respond to the text, but in the case of translation, he/she must also be sensitive to the notion that the original language might contain an unfamiliar image (A trivial statement, but nonetheless true, that whereas human relationships are determined mainly by their social and cultural milieu, texts that speak to the reader about parents, siblings or loves can depend most safely on the power of

nyelvű példát: "*Nézte a naplementét.*" A magyarban nincs grammatikai nem, sőt, az egyes szám harmadik személy esetében sem tudjuk az illető nemét. Az angolban *he*, vagy *she* kell hogy jelezze hogy férfi vagy nő nézi a naplementét. "*He/she watched the sunset.*" A magyar tehát bujkálni tud, hiszen, ha egy harmadik személyről szól a szöveg, sosem kell megtudnunk, hogy férfi, vagy nő akiről szól, tehát a vers értelmezése önmagában 'fordítható,' egy másik nemre. Ha még tovább hámozzuk a rétegeket, rájövünk, hogy még a pontos szövegfordítás esetén is, az olvasó 'naplemente koncepciójá'-tól függ hogy az agyában erre a mondatra milyen kép jelenik meg. Más a naplemente az Adrián és más az afrikai sivatagban, stb.

Ha azt olvassuk, hogy a nő az ablakhoz ment és kinézett, a kép más, ha krinolint hord, és vigyázva lépdel, vagy ha modern ruhában szabadon mozog. Ezeken az egyszerű példákon keresztül is nyilvánvaló, hogy a vers mögötti 'háttér' (kontextus) ismerete nélkül, az olvasó gyámoltalanul keresi a költői képek közötti összefüggéseket.

A költő az olvasójára támaszkodik amikor azt reméli, hogy az a sorokban ismerős kapcsolódási pontokat talál, és azokra bízva magát, 'navigál' a szövegben. Valójában, az olvasó, saját népének irodalmával is ugyanezzel az asszociációs problémával néz szembe, vagyis valamilyen ismeretet kell hogy magával hozzon, hogy a mű megszólíthassa, de a fordításnál még azt is bele kell éreznie, hogy az eredeti nyelv milyen képet rejthet magában.

Noha triviális megállapítás az, hogy az emberi kapcsolatok kultúrától és a társadalom felépítésétől függnek, a szülőkről, testvérekről, szerelmekről szóló szövegek számíthatnak leginkább a felismert hasonlóságok biztonságot adó erejére. Kutatók szerint ez még akkor is fennáll, ha az olvasó olyan környezetben él, amelyben több anya és egy apa jelenti a nukleáris családot, pl. muszlim, mormon, stb.

recognizing similarities. According to researchers, this is valid even for readers living in societies in which multiple mothers and one father make up the nuclear family, i.e. in some Muslim or Mormon families)

In Palásti's lines that follow, we shall again broach the issue of context:

Gross Aktion Berdichev

… *futott a feltámadó szél*
  a kukorica táblák felett
  ahova hajtották őket
  hogy vetkőzzenek

Gross Aktion Berdichev

…*A brisk wind blew*
  over the cornfields
  where they were ordered to strip

The content of the four lines (in Hungarian) is built of several attributes. The alliterations of the first line give a dynamic beginning to the lines that follow. The assonance built on a,b,c,b, further connects the four lines. This direction is subverted by the contradiction between the pointedly differentiated words, "futott" (self-directed) and "hajtották" (forced). Although the lively rhythm keeps the lines together, the reader is stopped by the message: *hajtották őket / hogy vetkőzzenek*. The previous fast and pulsating lines carry the premonition of terrible things to come, but only a person familiar with Nazi mass executions (from Babi-Yar to Berdevich, from the Ardenne Abbey to Abda) will immediately understand that this haunting poem tells us about the last minutes of the innocent victims.

But returning to the technical problems of translating: Hungarian uses the formal and the informal address. English, by now, uses the formal address only (*you*). In modern English, God alone can be addressed informally (*Thou*). At an attempt to mirror private relations, this presents a vexing problem for the

Az itt következő Palásti verssorokkal kapcsolatban is a kontextus felismerésének kérdéséről van szó:

Gross Aktion Berdichev

...futott a feltámadó szél	*... A brisk wind blew*
a gabona táblák felett	*over the cornfields*
ahova hajtották őket	*where they were ordered to strip*
hogy vetkőzzenek	

Az idézett négy sor tartalma a magyar versben többféle összetevőből épül. Az első sor alliterációja dinamikus indítást ad az azt követő soroknak. Az a, b, c, b- re épült asszonánc továbbépíti a négy sor közötti összefüggést. Ennek az iránynak mond ellent a "futott" (önkéntes) és a "hajtották" (külső erőtől függő) közötti nagyon is differenciált információ. A pattogó ritmus ugyan összefonja a sorokat, de az olvasót megállítja az üzenet: *hajtották őket/ hogy vetkőzzenek.*

A vers összességéből, már a megelőző, rövid, lüktető sorokból érezzük, hogy valami rettenetes dolog következik, de csak az, aki tud a szörnyű tömeg kivégzésekről (Babi Yartól Berdichevig, az Ardenne-i kolostortól Abdáig), érti meg azonnal, hogy ártatlan emberek utolsó pillanatairól számol be ez a megrázó vers.

Palásti az alliterációt választotta, hogy visszaadja a hangulatot, de megmaradt, noha kevésbé élesen a "blew" és az "ordered" használatával az önkéntes és a megparancsolt mozgás közötti ellentét. Azonban a fordítónak, ha magyarról angolra fordított, fel kellett adni az a, b, c, b rímpárt, és a sorokat is össze kellett vonnia.

De ha a két verset külön-külön olvassuk, ugyanazt a borzongást, félelmet keltik bennünk. Ugyanazon a katarzison megyünk át; vagyis mind a két szöveg megragadta a vers lelkét. Amikor a két verset együtt olvassuk, nem tudjuk, nem is tudhatjuk, (de tekintve hogy a költő,

translator of an English text into Hungarian; at what point in a relationship should someone be addressed informally? But much smaller issues can cause serious problems. There is no indefinite article in the Slavic languages. However, the definite article plays a much more emphatic role (replacing the demonstrative pronoun) than for example, in German. In Russian, "eto kniga" (this book) actually means "this is a book", namely, it is no longer an article or a demonstrative pronoun. Here "eto" forms a simple sentence. A number of English translators admit that they often try out four or five versions of a 'Slavic' poem and, depending on in which position they apply the articles in the English text, they will end up with a different poem.

One of the seminal questions regarding translating is whether the translated piece should retain an alien aura. Should the translator impress upon the reader/ listener that the poem 'is at home' in another language, or should the poem seamlessly melt (integrate) into its adopted language and culture?

Panni Palásti undertook a formidable task in this volume. She wrote two original poems on the same subject - one in English and one in Hungarian - since whenever a poet translates his or her own work, it is certain that a new poem is born. This is her prerogative, because in both languages, the poem 'belongs to her.' She does not have to exercise the humility expected of a translator vis-a–vis the text; she can change whatever she wishes. Just as one cannot step into the same river twice, one cannot step into the same poem twice (not even the reader can do that, let alone its author). Whenever Palásti took up either the Hungarian or the English original, it is certain that she read something else than what she had first written down. I have alluded to that with the examples above. To retain, and to recreate with a new momentum, is a different poetic task than that

valamint a saját fordítója, Palásti esetében nem is fontos) hogy melyik volt az 'eredeti,' hacsak ezt a jegyzet el nem árulja.

Visszatérve a fordítás technikai kérdéseire: a magyarban van tegezés és magázás, míg az angolban csak magázás van (you). Tegezve, (Thou) ma már csak az Istent szólítja meg a halandó. A magánélet tükrözésénél azonban nagy probléma, hogy például egy angolról magyarra fordított szövegben mikor tegezi vagy magázza a költő a megszólított személyt. De még ennél sokkal kisebbnek tűnő kérdések is súlyos gondokat okoznak a fordítónak. Például, a szláv nyelvekben nem ismert a határozatlan névelő, viszont a határozott névelőnek sokkal nyomatékosabb szemantikai töltése van, mint például a németben. Az "eto knyiga" ('ez a könyv,') oroszul valójában azt jelenti, hogy "ez könyv" (this is a book), vagyis ebben a szerepében már nem névelő, vagy mutató névmás. Az "eto" tőmondatot alkot. Számos fordító, aki szláv nyelvekből fordít angolra, állítja, hogy négy- öt variációt is készít egy versből, és attól függően, hogy a névelőt milyen helyzetben használja, mindig más verset fordít. A magyar nyelvvel kapcsolatban, amely szláv és német ellenhatásokkal küzdve elég labilisan használja a határozatlan névelőt, aki például angolról magyarra vagy magyarról angolra fordít ugyancsak ezzel áll szemben.

A fordítás teoretikus megközelítésének egyik legfontosabb kérdése hogy legyen-e a lefordított versnek kissé idegen hangja. Vagyis megtartjuk-e az olvasó/hallgató agyában azt a tudatot, hogy a vers egy más nyelven 'van otthon,' vagy az-e a célunk, hogy a vers az új nyelvbe teljesen belesimuljon, azzal eggyé váljon.

Palásti Panni ebben a kötetben még nagyobb feladatra vállalkozott. Egyszerre két eredeti verset írt, az egyiket magyarul, a másikat angolul, hiszen ha a költő önmagát fordítja, biztos, hogy új verset ír. Ezt csak ő teheti meg, mert a vers mindkét nyelven 'az övé.' A fordító alázatát nem kell hogy gyakorolja, azt változtat rajta, amit kíván.

of the translator's. Palásti shares with us the efforts of this immense labor, because in the notes at the end of the book she introduces us to the building blocks with which she has rebuilt her poems or has created them anew.

Mint ahogy ugyanabba a folyóba sem, ugyanabba a versbe sem lehet kétszer belelépni – még az olvasónak sem, nemhogy annak, aki írta. Amikor Palásti a kezébe vette az angol vagy a magyar eredetit, biztos, hogy már mást is olvasott bennük, mint amikor először leírta. Erre utaltam a fenti példákkal is. Megtartani, de újjávarázsolni, hogy az új pillanatnak is megfeleljen, más költői feladat, mint a műfordítóé.

Ennek az óriási, igényes munkának a részleteit osztja meg velünk a költő, mert a könyv végén található jegyzetek azokat az építőköveket mutatják be, amelyekkel az egyik nyelvről a másikra építette át, vagyis újjáteremtette verseit.

Preface

Every decade has its new demands. Looking back on a long life makes this abundantly clear. Now, in my eighth decade, I feel the urge to re-master my frayed knowledge of Hungarian, my mother tongue. A sudden urgency to speak to a country I left in 1956 made me translate some of the poems I wrote in English since I landed in America.

I was born in 1933 in Budapest, not an auspicious year for a child of a Roman Catholic mother and an agnostic Jewish father. I lived through the prewar years of burgeoning nationalism and anti-Semitism, the long bloody siege of the city, the postwar years of Communist takeover, Soviet occupation and the short heady days of the 1956 revolution. I was 23 when I crossed the border to Austria dodging Russian tanks on a cold November day.

Those first two decades have left an indelible mark on my view of the world and on everything I write. Having walked on five continents and islands in-between since then, I had the chance to compare the various ways of messing up a country and the ways of distorting history with self-serving falsifications. Hungary is merely a single sample.

We have been sold so many fantasies through the ages: eternal life in the presence of gods, riches won by conquest, breeding an ideal society by ethnic cleansing, reaching Eden by eliminating class enemies and doing away with traitors to the homeland, building an ideal society by embracing Communism or by becoming clever capitalists.

These ideas did not die in spite of their shameful history of failure. They are reignited again and again. No wonder that the

Előszó

Minden évtized követel tőlünk valami újat. Minél tovább élünk, annál tisztábban látjuk ezt. Nyolcvan után jöttem rá arra, hogy milyen fontos nekem, hogy újra tudjak folyékonyan beszélni és írni magyarul. Most jöttem rá arra, hogy itt az ideje felvenni egy szorosabb kapcsolatot szülőföldemmel. Ez a felismerés arra késztetett, hogy fordítsak angolul írott verseimből.

Budapesten születtem 1933-ban, nem egy ígéretes évben egy katolikus anya és egy zsidó apa gyermekének. Amikor 1956 hideg novemberében orosz tankokat kikerülve átszöktem Ausztriába, már átéltem a háború előtti évek növekvő nacionalizmusát és antiszemitizmusát, a város véres ostromát, a Kommunista Párt hatalomra jövetelét, a hosszú szovjet megszállást és az 1956-os forradalom rövid és mámorító napjait.

Életem első két évtizede alakította ki világnézetemet és ma is befolyásolja amit írok.

Azóta bejártam öt kontinens utcáit. Volt alkalmam látni sok ország szétzüllésének számtalan változatát és történelmének gyakori hamisítását. Magyarország csak egy példa erre.

Évszázadok során minket annyi ideológiával bolondítottak. Prédikáltak örök életet angyalokkal együtt, gazdagodást új területek meghódításával, egy tökéletesen tiszta országot etnikai tisztogatással, jólétet, ha kiraboljuk az "idegen fajtákat", egy Édent, ha jó kommunistákká vagy kapitalistákká vedlünk át.

Szégyenteljes kudarcaik ellenére, ezek a dohos eszmék még mindig

generations growing up now are confused. They are bombarded by false propaganda machines. In their mind politics is a dirty word. They are not familiar with history. The few of us still left, who have witnessed the turmoil of the 20th century, can tell them what it was like to live in fear, to be hungry, to thirst for freedom.

Whether I write about love or loss, about a dog or a red car, about flags or cabbages, all my poems are political. They comment on cultures and places, on contemporary society. They deliver a warning about toxic utopias. They are also an affirmation of life in all its complexity, an expression of pain and joy in the simple everyday.

To translate them into Hungarian is not easy. That is why I write notes at the end of the book that explain the difficulties encountered in transferring meaning from one mindset to a distant other.

What might this book mean to English readers? Perhaps, they are not used to political poetry and don't even notice it lurking behind the images. For that reason, I need to elucidate in the notes the allusions to a different historical background and to call their attention to cultural or linguistic dilemmas.

What about Hungarian readers? I hope that young or old reading these translations, will see that an émigré living in New Zealand, in a functioning democracy, can write without hesitation and fear of ostracism about the sins of the Second World War and about the overwhelming hunger for freedom.

Panni Palásti
18 July 2017

élnek, és vannak akik pirulás nélkül hajtogatják ezeket. Nem csoda, ha az új generációk nem látnak tisztán. Hamis propagandával vannak elárasztva. Manapság sok fiatal a politikát piszkos dolognak tartja. Nem sokan élnek már, akik átélték a xx. század káoszát, akik elmondhatják milyen volt halálfélelemben élni, éhezni, szabadságra szomjazni és béke után vágyakozni.

Akármiről írok, legyen az szerelem vagy szomorúság, egy kutya vagy egy piros autó, zászlók vagy egy fej káposzta, minden versemben van politika. Mindegyik beszél egyfajta kultúráról, egy meghatározott helyről vagy társadalomról és figyelmeztet hogy kerüljük a mérgezett utópiákat. És mindegyik azt reméli, hogy elfogadjuk az élet teljes egészét, ragyogó bonyodalmait, örömeit és fájdalmát.

Nem könnyű ezeket lefordítani. Ezért írok egy jegyzetet majdnem minden versről a könyv végén és így mutatok rá a két kultúra és a két nyelv különbségeire.

Mit jelenthet ez a könyv angol olvasóimnak? Talán ők nincsenek hozzászokva politizáló versekhez és nem is veszik észre, hogy mi bujkál a sorok között. Ezért kell felhívni figyelmüket a történelmi háttérre és a kulturális és nyelvi dilemmákra.

És a magyar olvasó? Azt remélem, hogy a fiatal és az öreg, aki olvassa verseimet megérti azt, hogy egy magyar emigráns Új-Zélandon, egy jól működő demokráciában, minden habozás és cenzúrától való félelem nélkül írhat a második világháború bűneiről és egy mindent elsöprő szabadságvágyról.

Palásti Panni
2017 július 18

In praise of distance

You have to go far away
from where you were born
in order to see
the contours of hills
of valleys and peaks
the true size and bias
of church spires
the narrow alleys
of pinched perspectives
and the topography
of self-referential graffiti
etched on each lurching heart.

Insight gets its start
on an indifferent
different continent.

a távolság dicsérete

messze kell
hátad mögött hagynod
szülőföldedet
hogy lásd a dombok
völgyek
és hegyormok
körvonalát
a templomtornyok
valós magasát
szűkült szemek
fojtogató falát
és riadt szívek
dobogó
domborzatát

egy új megértés
kulcsát adja a
közömbös kontinensek
távlata

Time and Time Again

Újra és Újra

Sunday tennis
1938

How I loved order as a child,
the smell of straight rulers and the
swift needle of the grocer's scale,
the musts of school and the don'ts of church.

And most of all, the tennis court.
Fresh white lines on the raked red clay,
the net cutting it into two
exactly abiding mirror-halves.

Father serves, mother at the net
lobs one right into the corner.
Game, set, match and raspberry soda
through a straw on the wide verandah.

Frog music wafts from a bottomless lake
as we board a yellow streetcar
and glide home, where oleanders
bloom in the iron-railed corridors.

We float through the hushed Sunday streets,
the three of us, on cobblestones
still warm, smudged by the setting sun,
content and careless of chaos to come.

Vasárnapi tenisz
1938

mint gyermek szerettem a rendet,
ahogy a vonalzó terelte a ceruzát
az iskola világos szabályait
a templom tíz parancsolatát

de legjobban a teniszpályát
a friss fehér vonalak szimmetriáját
ahogy a háló pontosan félbevágta
a simára söpört vörös salakot.

apám szervált s anyám a hálónál
pont a sarokba csapott egyet
gém szett meccs és málnaszörp
szódával a széles verandán

békák kuruttyoltak a
feneketlen tóban mikor
felszálltunk a sárga villamosra
és simán gördültünk hazafelé

nyármeleg macskaköves utcákon
és a Margit hídon át
elégedetten ringatózva
a naplemente aranyában
nem is sejtve a közelgő káoszt

Time and time again

Is last week closer than 1944?
You say I must stop wallowing in memories
and stay with the ant of the moment on my plate.
But how? The century, a tired whore, a tease,

offers the lull of a wallow in memories.
I am looking at a pure azure summer sky.
I am a child of the 20th century, the whore.
Jewel-like silver planes glitter high as they fly.

I stand dazzled by the pure azure summer sky.
Fighters dart among the droning Constellations
jewel-like silver planes glittering as they fly.
They thunder over us to bomb railroad stations.

Darting fighters herd the droning Constellations.
I bite into a ripe pear fallen on the grass
as they pass above me to bomb railroad stations.
An open-beaked rooster gives a shrill warning cry.

I bite into the ripe pear picked up from the grass
savouring the sweetness and the resonant earth.
The startled rooster tilts one eye towards the sky,
and geese in a tight gaggle tread the dust nearby.

Seduced by the sweetness and the resonant sky,
I count the planes heavy with bombs and guns,
as geese hiss and gaggle with trembling tongues nearby,
I wish for one to crash to watch the pilot fall.

Újra és újra

Aki azt mondja hogy a ma temeti a tegnapot
és többet jelent mint 1944,
az nem érti egy gyermek lelkét
csitíthatlan rettegését
ha gépek zajától megremeg az ég.

Állok az udvaron és bámulom
a fénylő vadászgépeket
ahogy védik és támadják
a bombákkal terhes Lancastereket.

Érett körték hullnak le a kiszáradt fűbe.
Felveszek egyet és harapom édes húsát.
Éber kakasunk riadtan felkiált
s ferde fejjel tartja szemmel az eget.

A zajgó libák ijedten sziszegnek.
Felverik az udvar porát
szorongva topogva a kapunál.

Elbódulva az égi zajtól és az édes íztől
számlálom a bombákkal terhes gépeket.
Várom hogy elkapja a kereszttűz őket,
hogy zuhanjanak, ugorjon a pilóta.

Piros spirált rajzol az egyik az égre,
lángba borul és zuhanni kezd.
Remegve állok és újra harapok,
csodálom az ernyő bimbódzó szirmait.

I count hundreds of planes heavy with bombs and guns
And see some trailing smoke with streaks of flaming runs.
Mesmerized as they dive, I watch the pilots jump
White petals of parachutes in the pure azure sky.

I see the trailing smoke and flames smear the blue.
I was a child then, breathing air as I am today,
when I still see those petals as they fly
and can taste the sweet juice of those pears.

I am that child gripped by the same intensity
filled with the same open-eyed wonder today,
the child sticky with the juice of countless summers
standing scarred by battles that go on to this day.

Those who say that today has buried yesterday,
and last week is closer than 1944
do not comprehend the child trembling, overwhelmed
by the unravelled, droll jig of the floating dead.

Nagyot nyelek és eláll a lélegzetem.
Golyók tépik a szálló szirmokat.
Célbaveszik a lebegő ernyő alatt
himbálódzó pilóta testét.

Aki hiszi, hogy a ma temeti a tegnapot
s többet jelent mint 1944,
nem érti a gyermeket
ki ma is arról álmodik,
hogy látja a feje felett
egy pilóta kalimpáló lábait.

The line-up

when the men come
to search us
to herd us
who'll hide me

when they make us
go to the wall
who will stand
before me?

when they shout
raise your hands
who will be
next to me

when they aim
guns at us
will father
cover me

when they pull
the trigger
will he shield me

will he hide
me under
his body

and whisper
play dead child
play dead to
stay alive

Sorakozó

mikor majd jönnek
összeterelnek
ki bújtat el

mikor a falhoz
küldenek
ki áll elém

mikor üvöltik
kezeket fel
ki lesz
mellettem

mikor a fegyverek
ránk szegeződnek
ki fog
eltakarni

mikor meghúzzák
a ravaszt
átölel-e
az apám

mikor esünk
rámzuhan-e
majd a teste

súgja-e majd
játsz halottat
hogy élve
maradj

Kárpát Street 7/B

Death knocks
in corridors
and may appear
at odd hours
uninvited.

He has his whims,
may skip a door
choose another
in the crowded
apartment house.

He plays grim games
with families
and may come back
until no one
is left to grab,

then may remain
in a bare flat,
which is re-let
to another
unfortunate,

who knows nothing
of the secret
wily flatmate
lying in wait
with a bent blade.

Kárpát utca 7/B

Koppantva lépked
a halál,
hallhatom
mielőtt feltűnik
a folyosón.

Szeszélyes, néha
kihagy egy ajtót,
másikat választ
ahogy bejárja
a zsúfolt bérházat.

Családokkal űzi
kegyetlen játékát.
Visszajár
míg mindenkit
megtalál.

Aztán ottmarad
a kihalt lakás
sötétjében,
melyet kibérel
egy új szerencsétlen,

akire csendben vár
készen
csontos kezében
a kasza.

dud bombs

there is a bomb
in the garden

it landed
with a thump
and raised a
cloud of dust

we keep our doors
tightly closed
afraid that it
may explode

our two hens are
in the garden
nobody can
go to feed them

I hope that they
don't poke too near
and wake up the
sleeping bomb

we only have
two laying hens
but we have got
lots of dud bombs

alvó bombák

egy bomba van
az udvarban

becsapódott,
nagyot dörrent
és felvert
egy porfelhőt

félünk attól
mikor robban
mi marad meg
az udvarban

nem engednek
most engem ki
a két tyúkot
megetetni

kaparásznak
a bombánál
mi lenne ha
robbanna

jaj nekünk csak
két tyúkunk van,
de bomba
számtalan

Memory trigger

Honeysuckle vines smothered the endless fence
in the heat of Vagany Street
turning the air sticky with their perfume

as I passed by after school to visit Vera,
my classmate of blonde braids
tied with blue ribbon bows.

A lifespan later, in another
hemisphere of kiwi and kumara,
honeysuckle thrives over my rainwater cistern

sending wafts of Vágány Street
to blend with the scent
of wind-whipped manuka.

The subtropics freeze into
the hard-packed rubble of 1945,
when I went to see if Vera was still alive.

After a winter storm, shell-shocked Budapest
was touched by the February sun.
Rinsed by rivulets of water, corpses emerged
from under dirt-streaked mounds of snow.

I came to a halt at a crater along the empty street
where the threadbare twigs of honeysuckle
still clung to the shattered fence
above a pair of Russian boots emerging from the ice.

Illatos lonc virág

illatos lonc kúszott a kerítésen
minden nyáron a Vágány utcán
bódító illata elkísért Verához
egész úton a háza felé

a háború akkor még messze volt
valahol Oroszországban

pár emberöltő után Új-Zélandon
mézédes lonc nyílik udvaromban
illata visszavisz gondolatban
1945-be
mikor olvadó hóban
romok között gyalogoltam
hogy lássam
vajon áll-e még a ház
és Vera él-e még

a hideg tél után tétova napfény
tört át a fekete felhőkön
a jeges föld olvadásnak indult
vízerek csurogtak a hóbuckák alól

megtorpantam egy nagy kráter szélén
felismertem egy pár orosz csizmát
és bennük két roncsolt vézna lábat
két térdet szétnyílva mint egy
szenvedélyes szerelmesét
mereven kiáltva az ég felé

I saw the knees outward turned,
trusting like a lover's,
open to the sky under shreds of uniform,
the rest still embedded in winter's crystals,
a pair of slender knees
half risen towards the sun,
soon to dissolve like the snow,
like the drum roll of fading artillery fire.

the winter of 1944

last night
the frost crept close
locked its jaw over the house
and left crystal wreaths
of its acid breath
etched on the windows

thick ice welded
the front door to its frame

we had to wield a hatchet
to get out
to shatter this glacial paralysis

a sápadt nap lenézett
a két lerongyolt térdre
és az egész elcsendesült csatatérre

1944 tele

múlt éjjel
a fagy közel kúszott
állkapcsát a házra zárta
s az ablakba
foga éle
belevéste
kristály koszorúját

az ajtó is
keretébe
fagyott

fejsze kellett
hogy kijussunk
hogy szétzúzzuk
jeges bénulásunk

the bridges of Budapest

they span the Danube
a river that's never blue

brown when it floods
or dirty grey
when slabs of ice
turn into chunks
that pile up
grinding against
their tough stone feet

restless
swirling
never slowing
rushing river
from Black Forest
to the Black Sea
from black to black

melancholy river
savage river
washes the feet
of the bridges of Budapest

Budapest hídjai

acél karok
szorítják a folyót
a sohasem kék Dunát
a vad tavaszi
sárbarna áradást
télen meg a foltos
piszokszürke
jégtábla torlódást
mely morzsolja
löki
nyomja
talpazatuk konok köveit

nyugtalan
örvénylő
gyors sodrú folyó
Fekete Erdőtől
Fekete tengerig
feketétől
feketéig

mélabús folyó
vértől ittas
gyászoló folyó
mossa Budapest hídjait

Gross Aktion Berdichev

For Vasily Grossman, "A Writer at War"

It was summer when they came.
The trees were green
plums overripe,
birds blackened the sky
stirred up by the line of tanks
that made the earth tremble
and echo over the ravines.

Thunder and clatter bore their approach.
Children ran in, doors slammed, bolted,
whispers damped down behind shutters.

Still there were those who stood outside,
offered loaves of bread and salt
to the armoured conquerors.

They were the ones
who helped the round-ups
of tailors, shoemakers,
tinsmiths, doctors,
carpenters, tanners,
water carriers,
doctors and butchers,
seamstresses, teachers,
mothers with babes in arms,
old men with bent backs,
cripples, expectant brides

Gross Aktion Berdichev

Vasily Grossman emlékére

nyáron jöttek
minden zöldelt
leérett a szilva
az ég elfeketedett
a madarak rettenve felröppentek

a föld remegett
visszhangoztak a völgyek
a tankok hosszú sorától

ijedt gyerekek
csapodó ajtók
kattanó zárak
elhúzott függönyök mögött
suttogva figyeltek

de sokan kint maradtak
kenyérrel
sóval
köszöntötték
a fegyveres hódítókat

segítettek felhajtani
szabót
cipészt
bádogost
orvost

herded with curses and guns.

Schnell!
Schnell!
Bistro!

A brisk wind blew
over the cornfields,
where they were ordered to strip,
turn to face naked
the freshly dug ditch.
A hungry baby sucked greedily
on his mother's breast.

What's left to us
is to exhume
the stories
left unsaid
by the wordless dead.

asztalost
tímárt
vízhordót
hentest
tanítót
varrónőt
karon ülő kisdedet
meggörnyedt öreget
nyomorékot
beteget

ordított parancsokkal
terelték össze őket
schnell
schnell
bistro

futott a feltámadó szél
a kukorica táblák felett
ahova hajtották őket
hogy vetkőzzenek
forduljanak csupaszon
frissen ásott gödrök felé
egy éhes csecsemő
mohón szopta anyja csöcsét

ránk maradt
hogy elmondjuk
az elnémultak
történetét

After midnight

From the plateau of the night
the dead are watching over us.
They know what matters,
what is frill or folly.

They know who turns off the lights,
who is true and who is phony,
who rides roughshod over soft grass
and smiles an idiot's smiles,
when the path turns to morass.

They know each route we are taking,
when we blindly pick the wrong one.
They see themselves anew
when we stumble, rise and rush on

to reach the end,
where they doggedly stand
watching over us.

Éjfél után

az éjszaka sötétjében
a halottak néznek minket

ők jól tudják
hogy mi számít
és mi nem ér semmit

tudják ki oltja ki a lámpát
ki az igaz
ki a hamis
ki túrja fel a friss vetést
és ki vihog ostobán
ha süllyed az ingovány
sarában,

ismernek ők minden utat
újra látják önmagukat
ahogy mi botladozunk
elesünk
felkelünk
sietve előre
egy cél felé

hol ők némán állnak
várnak

Pigeons in the Park

Galambok a Parkban

Mother's song

The rent is due.
I am late for work.

There is soot on the window sill.
And the floor needs wax.
The radio is spouting propaganda,
but don't say that at school.
You must give fresh water to the flowers
and when you go by the Kendes,
knock on the door
and hand in this plate of cake.

For God's sake,
hold your head high,
don't go into dark alleys,
but never turn away
from a pleading hand
and always listen
to the pigeons in the park.

Anyám dala

Késünk a lakbérrel.
Rohanok munkába.

Megint kormos a párkány.
A padlót viaszolni kell.
A rádió propagandát szajkóz,
de nehogy mondd ezt az iskolában!
Mielőtt mész, öntözd meg a muskátlit
és kopogj be Kendéékhez.
Ha nyitják az ajtót,
nyújtsd be ezt a tál süteményt.

Az ég szerelmére, emelt fejjel
járjad a világot.
Kerüld a sötét sikátorokat.

Ne mondj nemet soha
egy könyörgő kéznek,
s mindig figyelj oda mit beszélnek
a galambok a parkban.

After Basho

This ruined temple
Should have its sad tale told only
By a clam digger
          Matsuo Munefusa Basho
              (1644–1694)

Who is to tell the tale of those days in Budapest
when dead horses were skinned and sliced for meat,
if not a father of five sharpening his knife?

Who is to tell the tale of the child without arms
whose mother used to cook borscht in Chernobyl,
if not an old preacher composing frugal psalms?

Who is to tell the tale of the Chatham bellbird
whose dawn-greeting songs no longer can be heard,
if not a stranded whale trapped on a sandy shore?

Who is to tell the tale of an old man on a bus
blown to bits by a bomb strapped to a pale boy,
if not a refugee dreaming of green pastures?

Who is to tell the tale of our bliss-seeking lives
spent in a breathless rush to reach distant stars,
if not a fraught fisherman buffeted by gales?

Basho után

This ruined temple
Should have its sad tale told only
By a clam digger
            Matsuo Munefusa Basho
                (1644–1694)

ki mondja el mi ment
végbe Budapesten
mikor nyúzott lovak testét
szeletelték és megették
ha nem egy fia sírját ásó
kesergő apa

ki értheti
azt a sápadt fiút
aki felrobbantott
egy teli autóbuszt
ha nem egy menekült
egy idegen parton

ki mondja el miért
némult el örökre
a hajnalt köszöntő
chatham csengőmadár
ha nem egy dús legelőről
álmodozó juhász

ki ítélheti meg
örömet hajszoló

messzi csillagokra éhes
életünk értelmét
ha nem egy viharban
virrasztó vén halász

Pedestals

Pedestals are made for dogs.
They invite back legs to cock
and bladders to go into action
regardless who is on top,
be it a king or the peasant
who chopped off his head
in a flurry of revolutionary fury.

Defunct bronze generals
sitting on prancing horses,
smug popes dispensing blessings,
smiling mandarins
and preachers of lost causes
hover above us
presenting perfect targets
for generations
of pugnacious poets
and terriers,
petite poodles,
raunchy bulldogs
and sniffy mongrels.

Piedesztál

mikor új piedesztál épül
minden kutya örül
hátsó lábát emelve tiszteleg
és megkereszteli
mert nem érdekli ki az aki
a tetején ül

csücsülhet ott egy halott
generális bronz lován
vérszomjas diktátor
áldást osztó pápa
veszett ügyek prófétája
koronás király
vagy a lázadó paraszt
aki lefejezte

egyformán otthagyja
névjegyét sok kutya
legyen az agár
törpe pudli
kóbor korcs
pénztelen poéta
komondor vagy bulldog
ugyanaz a célpont

A ghost in Russell

arum lilies lean over the fence
to festoon the sidewalk
when Mari walks towards me
draped in a dress
of saffron sunshine
her face unlined
petal fresh
behind her I hear
church bells ringing on Lehel Street
to announce another noon

there is no way to stop time
noons arriving
ascending the spiral staircase
to the belfry
countless noons rolling over plains
into valleys
across rivers and shifting borders
over burial mounds of centuries

now she's only three steps away
the Mari of 1940
down to the last curly lock of hair
hanging over her freckled face
her button nose
her dimpled smile
but I hear her speak English
which she didn't speak
when she died in 1945

Kísértet Russellban

fehér liliomok bókolnak a járda szélén
amikor Mari jön felém a Lehel utcában
napfénnyel átszőtt sárga ruhában
az arca ránctalan
pisze orra és mosolya
sugárzó bizalom
nyomában andalog
a déli harangszó

delek jönnek-mennek
az idő megállíthatatlan
csigalépcsőn mászik a toronyban
megkondul szerte földön
szárnyal ősi sírhantok fölött
folyókon és hegycsúcsokon át
semmibe vesz minden határt

Mari már csak
pár lépésre van tőlem
és angolul cseveg
pedig egy szót sem tudott
'45 telén
mikor eltemettük

Lacrimae Rerum

The rounding off meted out by death
car crash, cancer,
the charnel-house of chance
make life stories easier to write.
Finality flashes meaning on the screen.

Still,
How could I expose the dead I loved?
Who dares to dig up bones
buried under pieties and lies?

Why decipher blotched letters
written when smitten by desire
the dead swore eternal love
destined to end in betrayal?

Who dares to scatter the dust
of pressed flowers saved in a box
under dog-eared photos of infants
long laid to rest in neglected graves?

Who wants to sink a knife
into his own flesh and gut
to lay bare the truth
nothing but?

Lacrimae Rerum

egy emberi életet
leírni könnyebb
ha halálos baleset
vízözön
vagy váratlan villámcsapás
elvágta fonalát

ha szerettem, aki elment
évek múltán sem akarom
megbolygatni nagyra becsült
és megtisztelt csontjait
kibetűzni a foszló papírt
mely örök szerelmet ígért
de csalódáshoz
és csaláshoz vezetett

hogy is merjem
kézbe venni
névtelen újszülöttek
elfakult képeit
kiknek jeltelen sírjait
senki sem látogatja már

a tollam könyörtelen kés
mely megsebez
hogy fájjon
mikor feltárom
az igazságot

Granny knots

To secure the warp
that holds the loose weft
along the fringes of an old carpet
I sort the threads into bundles of three
and bend over to plait the fraying ends.
Left over right and under.
Right over left and under.

That's when my hands call up grandmother
combing my entangled waist-length hair.
Left over right.
Right over left.

With a needle sharp comb tearing through knots
she tugged and she plaited two tidy *zopfs*.
"That hurts," I'd protest.
But she kept silent.
Her face in the glass
remained defiant.
Left over right.
Right over left.

Today I wonder what ran in her head
while she pulled and she clasped hand over hand.
Was it her daily rite,
a silent prayer to impose order
layer by layer?
Left over right.
Right over left.

Nagymama két keze

elkopott a régi perzsaszőnyeg
foszladozik rojtja
ami maradt muszáj
háromfelé osztva összefonni
jobbszélsőt balra
balszélsőt jobbra

kétrét gőrnyedve
osztogatom a rojtokat
amikor
nagymama két kézzel
cibálja hajamat

ez fáj
tiltakozom
de ő nem válaszol

tűhegyes fésűvel túrja kócos hajam
könyörtelen kézzel szoros copfba fonja
jobbszélsőt balra
balszélsőt jobbra

még ma sem tudom mi járt a fejében
mi késztette erre a napi rítusra
talán imádkozott
hogy Isten óvjon meg
talán így tanított
arra ami várt rám
és elképzelt engem

Was she entwining her wishes in strands
 and securing each with merciless hands?
To protect me from the devil's hot breath
was this her way of care and caress?
Had she envisioned me as a grown woman
making love, giving birth, turning old then
wondered if I would *"Remember when"*?
Left over right and under.
Right over left and under.

mint szerelmes asszonyt
jajszóval megszülni
egy síró magzatot
és mint egy
cserzett öregasszonyt

talán arra gondolt
hogy majd elfeledem
gyermekkorom
ahogy hajam őszül

és idővel ő is
feledésbe merül

Cabbage song

When I was terrified
of standing up
in front of a class
back in first grade,
my father told me
to look straight ahead
and to see each head
as a cabbage.

It worked.
My speech went
without a hitch
and reaped the reward
of a medal hung on a ribbon
pinned to my chest.

Ever since then
when I see a cabbage
I have the urge to stand and orate
passionate speeches,
sermons that threaten to raise the dead,

because it never does
smirk or giggle
fidget or fiddle
just sits calmly
and nods its big head
the best audience to be had.

Káposzta dal

elsős koromban
rémülten álltam az osztály előtt
a szó torkomon akadt
mikor minden szem rám tapadt

apám azt mondta hogy nézzek szembe
azokkal a kíváncsi arcokkal
és képzeljem azt
hogy egy fej nem más
mint egy fej káposzta
igaza volt
beszédem simán ment
jutalmul kaptam egy érmet
mely ott lógott egy piros-fehér-zöld
madzagon a blúzomon

azóta is
ha meglátok egy káposztát
rögvest elfog a vágy
hogy harsogjak olyan beszédeket
mely egy halottat is felébreszthet

a figyelmes káposzta
sohasem zörög vagy vihog
csak csendesen ül ott
bólogat egy zöld fejet
ennél jobb hallgató
senki sem lehet

Fibonacci and Love

These poems have been commissioned by Ross Harris,
New Zealand composer for a new song cycle.

FIBONACCI ÉS A SZERELEM

Ezek a versek Ross Harris, új-zélandi zeneszerző
új ének ciklusához készültek.

I am 10

my mother wipes her hands
and turns to greet father
who throws his coat
on the chair
and grabs and hugs her
in a tight embrace
ignoring me
as if I didn't exist

I rise and rush to
squeeze between them
to let me in
to include me
in their tightness
the shielding heat
called love

but they laugh
and pull apart
pat my head
as if I was
their puppy dog

tízévesen

anyám megtörli kezét
megfordul hogy köszöntse apámat
ki kabátját ledobja a székre
megragadja
magához szorítja őt
úgy öleli
mintha én ott sem lennék

megpróbálok
közéjük férkőzni
hogy érezzem az
oltalmazó melegséget
úgy hallottam
a neve
szerelem

de ők szétválnak hirtelen
nevetnek és
megsimogatják
a fejem búbját
mint egy kölyökkutyát

I am 30

In the cool of the morning
I study his sleeping face
and wonder, who is this stranger
who has invaded my life.

I want to know him,
I want to know
every inch of his body
and every cell of his mind.

Does his mind contain his soul
and does his soul
have room for me
as mine has for him?

Or is his eye blind
and his ear deaf
to my demand
for enduring love?

Can I trust him
to dissolve my
premonition
of fading passion?

Can I trust him
not to leave me?

harmincévesen

egy hűvös reggelen
kutatom alvó arcát
ki ez az idegen
aki beköltözött életembe

meg kell ismernem
érezni akarom
minden porcikáját
és mi fő fejében

gondol-e rám
olyan gyakran
mint ahogy ő
jár eszemben

bízhatok benne
hogy szenvedélye
sosem lankad

bízhatok benne
hogy velem marad
hogy nem hagy el

I am 50

I fill a glass with bubbly
it's my birthday today
I am 50
I feel 30
sometimes 20

my hands are not trembling
holding the glass
and yours are also strong and firm

we are at the cusp of our life
at the peak that grants the best view
in all directions

let us drink
to all the good years left behind
and let's toast the days ahead
celebrate our enduring love
renew our vows
and dash off a binding contract
come on
sit down
sign it
as soon as you find your glasses
and I find
a blasted pen

ötvenévesen

tele a pezsgős pohár
ma van a születésnapom
ötven lettem
de harmincnak érzem magam
néha húsznak

a pohár nem remeg a kezemben
a te kezed is erős
mindketten az életünk csúcsán állunk

itt a magasban
remek kilátás nyílik minden irányban

igyunk a sok jó évre hátunk mögött
koccintsunk
minden jó napra előttünk
ünnepeljük maradandó szerelmünket

újítsuk meg az eskünket
írjuk alá ezt az új szerződést
gyere gyorsan
ülj le ide
itt írd alá

mihelyt megkerested szemüvegedet
és én találok
egy rohadt tollat

I am 80

what wonderful
creatures are men

the only trouble is
that they don't last

if you love them
they respond with
instant passion
but their fervour
is confetti
dazzling glitter
drifting away
to be trampled by time

I remember well
each glorious spell
in and out of love
I can count them
on my fingers and toes

their image lingers
on gloomy nights
rocks me to sleep
like they used to
far in the past

oh yes
men are wonderful creatures

nyolcvanévesen

bámulatos lények
a férfiak

csak az a baj
hogy csaponganak

ha szereted őket
rögtön készek
szeretkezni
de buzgalmuk
csillogó konfetti
elrepíti
eltapossa az idő

jól emlékszem
minden boldog
pillanatra

számolni tudom
ujjaimon és
lábujjaimon

velem vannak
magányos éjszakákon
elringatnak
mint messze a múltban

oh igen
bámulatosak a férfiak

Modern Vertigo

MODERN VERTIGO

Spinning planet song

I fit where I was born

I am a fish in the water
a snail on a leaf
a mole in a burrow
a shag on a rock
flea on a dog
hawk in the sky

I was born
into this age
this era
inhale its inevitable air
soak up its sounds and lights

I am a fish in ebbing water
a hawk in a shrinking sky
never ask why
never ask why

forgó bolygó nóta

otthon vagyok itt
ahová születtem

hal vagyok a vízben
csiga a levélen
vakond lenn a lyukban
kormorán a sziklán
bolha a vén kutyán
sólyom fenn az égen

mert ide születtem
ebbe a jelenbe
ezt lélegzem be
kóstolom az ízét
hallgatom a zaját

hal vagyok egy kiszáradó tóban
éhűlt sólyom egy fakuló égen

nem kérdem hogy miért
sosem kérdem

Cockcrow

another dawn
a faint smear
of white chalk
on the ebony blackboard
of the night

I watch it spread
and redraw the world

thus dawns
the sharpening outline
of my life
and all existence

that's why I
a bungling midwife
to each birthing morning
that's why
I stand by to raise the sun

Kukorékol a kakas

hajnalodik
egy fehérlő krétavonal
tűnik fel a fekete égbolt peremén
lassan rajzolja
az ébredő világ körvonalait

az évek során
minden pirkadat
egyre élesebb fényt vet
az élet lényegére

ezért kell
minden reggel
esetlen bábaasszonyként
ott állnom az ablaknál
segítenem
egy új nap születését

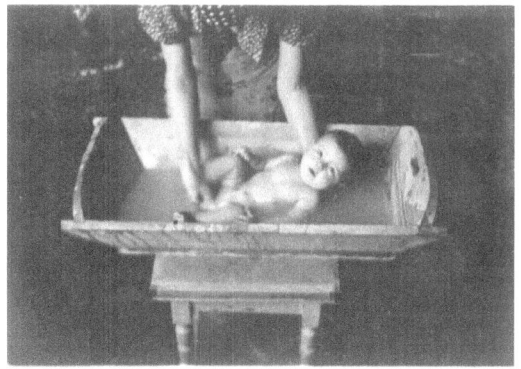

A mother's day

The mother of the fallen soldier
stands erect.
She doesn't cry.
Her eyes ran dry.
She stands frozen-faced
by the coffin of her son,
draped with the flag of the land,
while the cameras are rolling.

She listens to the speeches
of those who dispatched her son,
presidents and generals,
clergymen and prime ministers,
combatants and acquaintances,
extolling his great valour,
praising his sense of humour.

Mother of the fallen soldier
makes her way home
to the house where he was born.
She stands in front of the old sideboard
that holds an oval frame
with a photo of her son in uniform.

Mother of the fallen soldier
gets hold of the oval frame,
rips out the shot of her son in uniform,
replaces it with her son

Egy anya napja

Az elesett katona édesanyja
nem sír már.
Száraz szemmel
merev arccal áll
fia zászlóval takart koporsójánál.

Forognak a kamerák.
Hallgatja a szép szavakat
ahogy sorban búcsúztatják a fiát.
Elnökök, tábornokok
papok és miniszterek
bátorságát magasztalva
dicsérik áldozatát
jellemét és humorát.

Az elesett katona anyja
hazamegy a házba ahol fia született,
megáll egy polcnál fia előtt
aki rámosolyog
frissen vasalt egyenruhájában.

Az elesett katona édesanyja
megragadja a képet,
kitépi az egyenruhát
visszarakja a kisfiát,
aki büszkén tartja
élete első nagy halát,
és leroskad egy székre.

holding a fish he caught,
his first one.

Mother of the fallen soldier
then sits down.

To God without envy

you know every seed from kernel to husk
the marrow of every bone
the whims of winds and waves
deeds past present and future
the secret sins of courtesans and kings
tax collectors grave diggers
spinners of lies
butchers baristas barristers
mad dogs and marauding mercenaries

you can see each may fly
rising on translucent wings
young lizards sunning on rocks
the hand of a suckling child
resting on her mother's breast
you hear the rattle of cicadas
the sound of cannons
trumpets rockets atomic blasts
and the rest of the cacophony
that makes up our planet's
uncanny symphony

you can smell every smell
from rose oil to mustard gas
you cover all contraband
whether from Poland or Samarkand
the lust of tyrants
rapists and philanderers
every kindness and every plea for mercy

Istenhez

te ismered a magot mielőtt gyökeret ereszt
minden csont remegő velejét
a múltat a jelent a jövőt
a szél és a tenger szeszélyeit
királyok és kurvák titkolt bűneit
veszett kutyákat és zsoldosokat

te hallod az ágyúk dörrenését
trombitát rakétát atomrobbanást
az egész kakofóniát
te érzel minden illatot és rossz szagot
rózsaolajtól mustárgázig
a tiéd mindenfajta áru
legyen az lopott vagy csempészett
Kievből Kínából Kubából Kalkuttából
tőled függ az hogy ki kap és ki nem
az áldatlan zsákmányból

ha te vagy a tejút és minden
születő és fáradó csillag
tudod-e mit jelent korán meghalni
mint a tiszavirág mely felszáll
áttetsző szárnyakon
hogy hamar lehulljon
egy borzadó tóba

fel tudod-e fogni félelmünket
átérezni mindennapjaink ölelő örömét
mikor kiragadunk fortuna kezéből
egy-egy mámoros pillanatot

but if you contain every constellation
the birth and death of every star
light years and all dimensions
how could you feel our thrill
at every blundering new discovery
how could you share our fears
or fully sense that to skirt daily death
buoys up our joys
plucked from the fist of chance

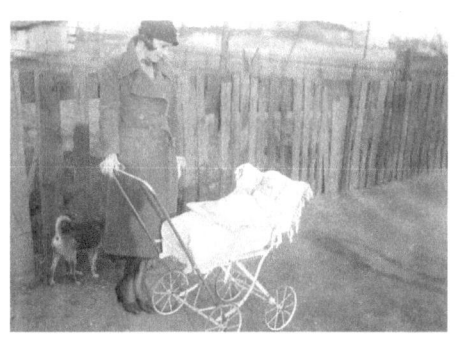

I am 60 percent water

it flows in my veins
rinses my brains
drenches my muscles
and runs through my heart

it makes me part
of the Pacific
the salty mix
of all the oceans

I contain the monsoon rain
of Bangladesh
and the icebergs
calving off Antarctica

I am one with the Amazon
the waters of
the Rhine and the Rhone
and I drink the Danube
fed by the snow
that fell on the Alps
and the Carpathians

my body carries
the clouds racing over Hiroshima
and emptying into the Thames
lapping London
where I drank them

60 százalékom víz

minden csepp víz
a bolygó kék arcán
minden folyó és
hömpölygő óceán
ereimben csorog
átjárja az agyam
áztatja izmaim
átfut a szívemen

bennem van a monszun
mely öntözi Bangladest
és Antarktika
tördelő jéghegyei

egy vagyok
az Amazonasszal
a Rajna és Rhone vízével
a poharamban álló
Dunával s az őt tápláló
Alpok és Kárpátok
patakzó havával

a testem szomjazza
Hirosima futó felhőit
melyek a Temzébe omlanak
s London utcáit mossák
ahol félálomban
egy ködös reggelen

I sip them gingerly
as a hot
morning tea

vigyázva keverem
egy csésze
gőzölgő teában

Taranaki New Zealand

8 November 2016 5:59 am

when the earth trembled under my feet
and I dove under the table
I could hear her
out of nowhere
her muffled voice
was unmistakable

grandma sang this old melody
when I rested
in the cradle of her lap

forget-me-nots
forget-me-nots
blooming on the steep hillside

her voice almost a whisper
seeped up from the depths of sorrows
buried in rocks for centuries

I listened with lessening fear
and I could hear
more and more women chiming in

forget-me-nots
blooming on the steep hillside

the whole choir sang for me
through countless millennia

Taranaki Új-Zéland

Tuesday, 8 November 2016 5:59 am

ébredek egy morajlásra
meginog a föld
kidob az ágyam
süllyednek a falak
az asztal alatt megragadok egy széklábat
az is mozog
gondolom meghalok
mikor hallok egy halk hangot
egy régi éneket
kék nefelejcs
kék nefelejcs virágzik a tó partján

ez az a dal mit nagyanyám
nekem dalolt
mikor ölében ringatott

a morajban csatlakoznak női hangok
egy suttogó
fájó panasz a múlt mélyéből fakad

hosszú évezredeken át
asszonyok hümmögnek
egy csitító melódiát

a sebzett föld megmozgat hegyeket
taszít tonnás köveket
tüzes magmát és kénes gőzöket

through the depths of boiling magma
restless layers of sediments
rocks and shifting plates

the sulphuric exhalation
of the past
their voice survives

de az anyák és nagyanyák
makacsul dúdolják
a túlélés dalát

Terra incognita

How could I list all that I don't know?
All that I haven't read,
haven't learned,
haven't heard
and haven't understood?

As I grope my way
in the thicket
of the 21st century
seeking a foothold
on crumbling certainties,
step over stacks of
unfulfilled prophecies,
outdated books,
obsolete maps,
and archaic Ph.D. theses,
that once aimed to chart
new planets of the mind,
the mountains of surpassed discards
speed up my vertigo,
as I try to go
I don't know where…

Terra incognita

nem is tudom mi az
amit nem tudok
amit nem olvastam
nem tanultam
nem hallottam
vagy nem értek

elveszett vagyok
a XXI. század
burjánzó rengetegében

tévelygek
régi térképek között
tele feledett helynevekkel
meg-megbotlok
elavult könyveken
és vézna teóriák
porladó dombjain
miközben az újonnan
robbanó csillagok
szédítő villanásai
kísérik lépteim
nem tudom hová

A girl in a red truck

A girl in a red truck,
strawberry red
and brand new,
speeds down the street.

Her head swivels
to see who's looking
at her shiny new possession,
who is watching
the breathless dash
of sparkling spokes,
her wheeling joy
straight from the showroom,
her magic box
made to fittingly frame her youth,
her day in the dazzling sun.

A bright red dot truck,
moving target
for a tick of galactic time.

eperpiros

egy lány egy piros autóban
robog ész nélkül az utcán
forgatja a fejét
hogy lássa ki látja őt
a villogó kerekeket
szédítő sebességű
csodás kocsiját
az ő piros kincsét
ami úgy illik hozzá mintha
ráöntötték volna
olyan új
olyan modern mint ő

egy piros petty
egy mozgó célpont
egy múló pillanat
a táguló világűrben

Just washed dog

for Elizabeth Smither

Enduring the assault
of the garden hose,
his tail is tucked in close,
his head hangs to let the water run
down his nose.

His eyes are closed
in disgust:
I'm just out of the sea,
why do you torture me?

The sea was icy cold,
and you dived in with glee
after a stick.
Why protest this water?
Don't you see
that I get rid of the salt
that gives you a rash?
Stand still until
I turn off the tap.

I am repaid with a mighty
shake which leaves me equally wet
and an unsaid epithet:
Stupid!
Don't you see?

Frissen mosott kutya

Behúzott farokkal áll.
A feje a földre konyul,
hogy a víz lefusson az orrán.
Remegve viseli a kerti csap
ádáz árját.

A szemét szorosan lezárja.
A szája legörbül
mintha azt mondaná:
"Épp most jöttem a tengerből
ahol jól megfürödtem.
Most miért kínozol?"

"A tenger jéghideg volt
De te örömmel beugortál
A hajított faág után!
Hát miért zavar ez az édes víz?
Nem érted hogy a bundádról
mosom le a sót
hogy ne egye bőrödet?
Ne mozdulj addig
míg elzárom a vizet."

Bosszút áll rajtam
és úgy megrázza magát,
hogy csuromvizes leszek
és bajsza alá képzelek
egy epitheton ornanst.

Forget about salt and rashes.
This is about
free choice.

"Te buta!
Miért nem érted?
Bagatelle a bőrbaj és a só,
mikor szabad választásról
van szó."

Aunt Mari

(1880–1979)

She had no children.
By the time I was born she was so old,
everybody called her Aunt Mari,
even elderly shopkeepers
and the village priest who drank too much
of Christ's blood from the church chalice.

I spent summer hours in Auntie's kitchen,
munching ripe pears and
watching flies drown in the water
of her glass fly catcher, set
in the middle of the table, with
a smear of honey spread underneath
to entice them under the glass dome.
They buzzed trying to get out,
until they fell exhausted
into the round channel around the bottom,
already filled with the floating corpses
of yesterday's flies.

She stayed in her bed,
snug under a goose feather comforter
in the semi-dark room,
where I was sent to pay a visit,
a shy city child,
facing a village matriarch.

Mári ángyi

Nem volt gyereke.
Mire én megszülettem,
már olyan öreg volt,
hogy mindenki Mári néninek hívta,
még idős boltosok is
és a falu papja,
aki túl sok bort megivott
a templom kelyhéből.

Sok nyári órát ültem
Mári ángyi konyhájában
érett körtéket majszolva
mialatt figyeltem az elszánt legyeket
ahogy hiába próbáltak kijutni
a légyfogó üvegbúrája alól
veszettűl dongva
a tegnapi legyek
hullái felett.

ATTENTION!
All learners of English of any nationality are invited to take up the challenge of translating *Aunt Mari* to their mother tongue.
  If you manage to finish the work, email it to maitairiver@gmail.com.
  The successful translator will receive by post a copy of *The Tongue Is Not for Lashing ~ Nyelvünk Nem Ostor*.

She motioned me to lean closer,
reached under her pillow
with a hand wrinkled and gnarled
by labour in sun and snow,
pulled out a handful of
freshly shelled walnuts
with a wink and a smile,
and I was obliged to eat
while she stared.

They said,
she had buried two husbands.
The third was a tailor,
who sewed men's trousers
and made-to-measure coats.
He lost a leg in the war,
never spoke, but kept her well off,
getting paid in eggs and lard,
wheat, rye, barley and
husked corn for the pigs.

She asked me to chase the flies out of her room.

I closed the door and went back to sit at the table
to watch death enacted over and over
by a steady hum of wings beating against the glass.

She lived to ninety-nine and a half.
outlived her third one,
not to mention great-nephews, nieces,

MÁRI ÁNGYI

Hagytam üres helyet azoknak aki szeretnék folytatni a fordítást. Ha sikerül a munka, akkor kérjük hogy továbbitsák erre az email címre: maitairiver@gmail.com

A sikeres fordítót a *The Tongue Is Not for Lashing* — *Nyelvünk Nem Ostor* egy póstán küldött példányával jutalmazzuk.

emperors, kings, presidents, marshals,
dictators, liberators, and thousands of
generations of flies under a glass dome.

I was a young wife when I last saw her
sitting on a bench outside her mud house.

Aunt Mari,
shrivelled,
light as a feather,
rose to embrace me
and when she heard
that my husband was a bearded Englishman
she laughed.
"Wonderful," she said.
"Then it tickles."

testament

I am the bearer of unspeakable secrets
I am the teller of unbearable truths
I am a grower of redder than red roses
I am a pusher of stolen goods in pubs
I am a father who abuses his sons
I am a joker who never wins a laugh
I am the woman who does it for a price
I am the blind man who dreams about the stars
I am a fanatic in a bulletproof vest
I am the general who stamps out unrest
I am a professor stifled by stiff taboos
I am the priest who prays to lift the clouds
I am a child who thumbs his nose
to be a writer I must be all of those

testamentum

én vagyok a tettek túlélő tanuja
az eltemetett titkok kutatója
a vérvörös pipacsok őre
én vagyok az apa aki fiát veri
a bohóc akit nem tapsol meg senki
én vagyok az a nő aki pénzért teszi
a vak ki álmában csillagokat bámul
a tolvaj aki lopott árút árul
egy fanatikus új kalasnyikovval
a tanár ki tanítja amit nem hisz
a pap aki kész feloldozni
én vagyok a gyerek aki nem felesel
hogy iró lehessek
mindennek lennem kell

Notes

In praise of distance *(page 2)*
To be objective about a birthplace is not easy. Using comforting rhymes, alliterations and a sing-song flow helps to assuage the pain of trying. This poem uses the allegory of topography in search of deeper meaning. The peaks and valleys are symbols of the highs and lows of history. The *bias of church spires* hints at religious prejudice. *The narrow alleys* stand for provincialism and the self-absorbed *graffiti* is clearly readable from a distance.

Sunday tennis *(page 6)*
A glass of bubbling raspberry soda on a hot Sunday afternoon was unsurpassed. The tennis court, with my young parents in their whites swinging their Slazenger tennis rackets, was one of my favourite places as a small child. To translate this poem ran into difficulties. *Frog music wafts from a bottomless lake*, for instance, ended up with *frogs croaked* (*békák kuruttyoltak*).

Time and time again *(page 8)*
I wrote this in 1978 when I still dreamed about my days in a Danubian village watching the bombers fly towards the cities. I struggled with the form of a pantoum, getting more and more impatient with its binding strictness. So I ended up with a much freer verse, but retained the somber tone and some of the repetitions of the pantoum and, according to its tradition, at the end answered

Jegyzetek

a távolság dicsérete *(page 3)*
Egyre messzebről tudjuk nézni a földet és egyre közelebbről látni távoli csillagok milliárdjait. Naponta táguló látókörünk segít abban, hogy megtaláljuk helyünket a világban. A közömbös kontinensek alliterációja hangsúlyozza azt, hogy csak az otthon kényelméből kilépve tudjuk felmérni saját kultúránk határait. Nem tudtam simán fordítani "a zötyögő szívekbe vésett önmagára utaló graffiti körvonalait", így szív helyett egy másik testrészt, a "szűkült szemek fojtogató falát" választottam két alliterációval.

Vasárnapi tenisz *(page 7)*
Ez egy boldog emlék a békeidőkből. Sok a változás a magyar versben. Kezdve a *smell of straight rulers* sorral, ahol a ruler helyett *a vonalzó terelte a ceruzát* elvesztette a vonalzó szagát, de *tereli a ceruzát* felidéz egy kívánatosabb képet. A fűszeres mérlegét is kihagytam, és a *musts of school and the don'ts of church* helyére beraktam a tíz parancsolatot. Végül, a macskakövek nem lehetnek magyarul a lemenő naptól bemaszatolva, bármilyen kifejezőek is a *smudged cobblestones* angolul.

Újra és újra *(page 9)*
Ezt a verset 1978-ban írtam, amikor még mindig a háborúról álmodtam. Egy dunántúli faluból láttam, ahogy a bombázók repültek Győr felé. A pantoum formát választottam, de hamarosan elvesztettem türelmemet szigorú szabályaival. Így lett belőle szabad vers. A tradíciót

the question raised in the first stanza. This year's Hungarian version is much less traditional.

The line-up *(page 12)*
Endless questions, infinitive after infinitive. A child's terror unfolds as she repeats what she has heard on the news. The newsreels showed mass executions during the war. It was always the enemy who committed atrocities. We were hiding my father from the Gestapo in Budapest. This poem describes my nightmares, that recur to this day.

Kárpát Street 7/B *(page 14)*
From 1946 to 1956 that was my address, and the house was so often visited by death, that keeping count led one to guess which family was due next. In Hungarian, the straight narration is replaced with a deeper characterization of death as a moody and playful assassin, who enjoys having the last laugh.

dud bombs *(page 16)*
This dud bomb fell on our house in 1944. The poem uses the matter-of-fact voice of a child, whose words are simple and short. It foregoes all literary ornaments.

Memory trigger *(page 18)*
I was 11 years old then. More than 70 years later I can still see the knees of the Russian soldier. I wrote the first version about 30 years ago. The polishing came later, adding alliterations (*blue ribbon bows*), and rhymes (*blend with the scent*), but I leaned towards the precision of images that needed no poetic embellishments other than a definite rhythm.

követtem az utolsó stanzában, amely megválaszolja az elsőben feltett kérdést. Feladtam az utolsó sor pontos fordítását idén és *the unravelled, droll jig of the floating dead* helyett beértem *egy pilóta kalimpáló lábaival*.

Sorakozó (page 13)

Ez a vers, amely csupa kérdésből és főnévi igenévből áll, egy rémálom leírása. Szüleim beszéltek arról, hogy mi történhet velünk, ha a Gestapo megtalálja apámat. Már akkor, tizenegyéves koromban, elég filmhíradót láttam, hogy tudjam milyen egy kivégzés.

Kárpát utca 7/B (page 15)

Sok mindent megváltoztattam a rím vagy a ritmus kedvéért. Az angol halál ajtókon kopog. Itt csontos sarka koppan a folyosókon. A *bent blade*, magyarul *görbe penge* nem hangzana jól a vers végén, és egy éles *pallós* túl nehéz lenne egy csontváznak.

alvó bombák (page 17)

Ez a fordítás megtartotta az angol eredeti egyszerűségét és nem tért el a gyermek nézőpontjától, de a hozzáadott magyar rímekkel egy bűvös ráolvasó hangulatú verssé változott, hogy így űzze el a valóságos félelmet.

Illatos lonc virág (page 19)

Ezt a verset könnyen megírtam angolul. Magyarul már a növény nevével is bajom volt.

Az angol *honeysuckle* jól hangzik. *Lonc* nem. Lassan rátaláltam az *illatos loncra* és hirtelen a *lonc* egy harmadik *l*-t tett a címbe. Lelkes lendülettel megindulhatott a munka.

Szőke copfos osztálytárs? Kiwi és kumara? Édes krumpli? Szélverte manuka? Foszladozó uniformis? Tűnő csatatűz dobverése? Sokszor egész sorokat kihagytam mert nem találtam egy megfelelő rímes vagy

the winter of 1944 *(page 22)*
To get to the bomb shelter at night we had to hammer away the ice from the door. The metaphor of the monster frost, which created beauty on the window, leads to a second metaphor referring to the fatigue and depression wrought by the war.

the bridges of Budapest *(page 24)*
This is another instance, when the first English version (prompted by my photograph of the bronze shoe memorial of the martyrs massacred on the bank of the Danube) is less detailed than the translation. The more opaque adjectives here (*black, savage*) only hint at what is spelled out in Hungarian (*vértől ittas – bloodthirsty*).

Gross Aktion Berdichev *(page 26)*
In her introduction to this book, Professor Marianna D Birnbaum gave a perceptive and expert analysis of this poem. Her wide-ranging comments about the art of literary translation need no further elaboration. The only thing I would like to mention is the direct influences that prompted me to write about Berdichev. Beside Vasily Grossman, whose harrowing book "A writer at war" provide the facts about the massacre, I am also indebted to my father László Palásti, who was one of the survivors of the mass murder at Chervenka, and whose book "A Bori Halálút Regénye", published in 1945, was reprinted by Scolar in 2016 in Budapest.

After midnight *(page 30)*
This poem seeks the rhythm of hurried steps heading to an inevitable end. It relies on patterns of beat, a variety of metrical feet that speed up in the middle with iambs and trocheuses and slow down at the end with some longer feet.

ritmikus megoldást. Mégis, azt hiszem, hogy egy gyermek és egy asszony reakciója a katona láttán nem veszett el a magyar változatban. Amit 11 évesen láttam, és mai szemmel ugyanolyan erővel látok, azt - ha nem is hibátlanul - de megőriztem.

1944 tele *(page 23)*
Az angol *crystal wreaths of its acid breath etched on the windows* nem ment könnyen. Menthető volt a *crystal-kristály* és az *etched-belevéste* szavak pontos fordítása, de az *acid breath* nem maradhatott mint *savas lehelet*, és helyette a *foga* éle lett hivatott a karcolat művészi kivitelére.

Budapest hídjai *(page 25)*
A Duna nem felejt. Ez a folyó tanuja évezredes történelmünknek. Angolul ezt nem tudtam elég jól kifejezni. A magyar fordításhoz annyi erős jelző és energikus ige között tudtam választani, hogy a vers hirtelen rátalált otthonára. Az anyanyelv felújítja a mondanivalót. A magyar igék egy vadabb Dunát és a magyar jelzők ellenállóbb hidakat keltenek életre.

Gross Aktion Berdichev *(page 27)*
Ebben a magyar fordításban több a rím mint az angol eredetiben, ahol a nyomatékot többször a ritmusra hagytam. Máig kérdezem, hogy van-e jogom rímekkel díszíteni egy tömeggyilkosságot. Csak azzal tudom ezt jogosítani, hogy a rímek évszázadokon át az emlékezés szolgálatában álltak, és ez a vers az emlékezés fontosságát hangsúlyozza. Például, a foglalkozások listája rímekért kiált, nehogy kihagyjunk egyet.

Éjfél után *(page 31)*
Az angol vers jókedvű alliterációja, *frill or folly*, mindjárt elbotlatott

Mother's song *(page 34)*
This prose poem lacks all embellishments. It is a list of my mother's orders and advice she had to dispense in a hurry. *The radio is spouting propaganda* was a dangerous thing to say in 1940, when a teacher could report that I was unpatriotic. To translate *spouting*, I chose *szajkóz*, referring to a crow's song, repetitive, imitative and meaningless.

After Basho *(page 36)*
Nobody else can say so much in a three-line haiku as Basho.
   He walked all over Japan and noticed everything.
   If he walked with us today, what would he write about us? I tried to answer this question and ended up with five stanzas of varied rhyme schemes or no rhymes at all. The Hungarian translation turned into a much looser free verse, but both versions ask Basho's question.

Pedestals *(page 40)*
I wrote this poem after seeing the graveyard of statues of deposed communist dignitaries in Budapest. It was written in the tradition of Hungarian poets who mocked privilege and grandeur. Now, well into the 21st century, I translated it from the point of view of dogs. They accept a poet as one on the list of their many breeds. They scrapped and added a few lines.

A ghost in Russell *(page 42)*
It can be a shock to see the striking similarity of people from different places and times. In Russell, a tourist Mecca of New Zealand, not once did I encounter reincarnations of people of my childhood in Budapest. Sometimes they spoke languages I couldn't recognize. More than 30 years ago, when I wrote this poem, I used too many words

a megfelelő magyar szavakon: *fodor, sallang, szóvirág.* És *ostobaság, oktalanság* a *folly* helyén négy hosszú szótagukkal sem jöttek segítségemre. *Némán állnak* a vers végén éppúgy szuggerál egy *konok helytállást,* mint az angol *doggedly stand.*

Anyám dala *(page 35)*
Anyám mindig rohant. Heti hatvan órát dolgozott. Siettében osztogatott parancsokat. Ezért ilyen egyszerű ez a vers és ezért könnyű fordítani. *De nehogy mondd ezt az iskolában* 1940-ben veszélyre intett, és ezt minden magyar megérti aki élt vagy él egy diktatúrában.

Basho után *(page 37)*
Senki sem tud annyit mondani három sorban mint Basho. Gyalog járta be Japánt és megfigyelt mindent amit más nem is vett észre. Vajon miről írna ma, milyen haikut, ha útrakelne közöttünk? Nem három, hanem hat sorban és négy stanzában próbáltam erre magyarul válaszolni. Angol válaszom öt stanza volt. Tehát a fordítás igazából teljes átírás, egy új szabadvers, amely felhasználja az angol eredeti elemeit. Szerencsére találtam egy odaillő hármas *v-v-v* alliterációt az utolsó stanza végére.

Piedesztál *(page 41)*
Csücsülhet gúnyosan kicsinyítő, gyermekes ige; ülhet *ott* (vagy *lehet ott*) megfelelne, de gyengébb irónia. A magyar *lefejez* angol megfelelője *behead,* de én négy angol szót választottam helyette: *chopped off his head.* Hangosan olvasva minden szót hangsúlyozok mint két spondeet. A magyar *levágta a fejét* két szótaggal hosszabb lenne, mint *lefejezte,* és a választott rövidebb sor itt felidéz egy gyors és határozott forradalmi végzetet.

to describe Mari. Now, older and more impatient with too much stuffing, I shortened it in translation.

Lacrimae Rerum *(page 44)*
To tell the truth about the dead is not easy. I wrestled with this, when I started to write about my family and discovered the lies I was fed as a child. This poem helped me with its last stanza to face what I had to do. Those four lines were the hardest to transpose into Hungarian. *The charnel-house of chance*, a lucky assonance in English, was even more difficult to approximate.

Granny knots *(page 46)*
The morning ritual of braiding and the underlying emotional tug-of war are emphasized by the recurring refrain. Present and past tense tangle like fringes and hair, but the final stanza's rhymes deliver reassurance. The braiding hands don't let us forget.

Cabbage song *(page 50)*
Of all the good advice I had received in my childhood, this is the one that stuck, the one I used all my life. To translate this almost-prose poem into Hungarian was not as easy as writing it in English. But I managed to enlarge the word *terrified* into images of standing in front of the class with all the words trapped in my mouth. And after much more searching, I could find proper rhymes to end the last Hungarian stanza. I don't know why I try to finish every poem with a rhyme. It could be because I want to convey that I have nothing else to say. The rhyme means that I close the book. Or perhaps I am fooling myself with the thought that I've solved something.

When I leave a poem without a rhyme, it means that the story never ends.

Kísértet Russellban *(page 43)*
Az angol változatban is fontos a *határ* fogalma, és ott utalok a gyakran változó határokra *(shifting borders)* Europában, míg itt a zárt határokat elvető harangszó szabadság utáni vágyról beszél.
Ascending the spiral staircase sok kísérletezést okozott. *Felmászik? Felmegy? Felfelé halad? Felemelkedik? Lépked? Mászik*-nál maradtam, mert fákra és magas hegyekre mászunk.

Lacrimae Rerum *(page 45)*
Mikor elkezdtem írni a családomról, egyik gondosan rejtett titkot a másik után fedeztem fel. Évekig nem mertem erről írni, mert úgy éreztem, hogy elárulnám a halottakat. Ezzel a verssel adtam engedélyt magamnak arra, hogy elmondjak mindent. Időbe telt átmenteni sok sort, és némelyik lehetetlennek bizonyult. *The charnal-house of chance* nem jól hangzik magyarul, úgymint *a vakszerencse halotti háza*. De szerettem volna megtartani a *kutya-fülű fotók*-at.

Nagymama két keze *(page 47)*
Egész sorokat hagytam ki sok próbálkozás után, mert a magyar szavak nem kínáltak hasonló asszociációkat. *Was this her way of care and caress? Care* (*gondoskodás, törődés*), *caress* (*simogatás*, dédelgetés, ölelgetés). "Szokott így mutatni törődést és dédelgetést?" Hol a ritmus? Hol az alliteráció? Habár megrövidítve és leegyszerűsítve, a vers mégis nagyjából hasonlít az angolra és rámutat a kezek és a memória szoros kapcsolatára.

Káposzta dal *(page 51)*
Torkomon akadt a szó, egy jó magyar kifejezés, jött az első stanzában segítségemre a kevésbbé képszerű *terrified* helyett. Ennnek a képnek gyakori egyszerűsége jól illik egy gyermek-szavalta versbe. Sokáig

I am 10 *(page 54)*
This is the outburst of a bewildered child, who tells her story through fast actions without embellishments, a story that leads to deeply perceived humiliation. The poem seemingly lends itself for easy translation, because its common action verbs are abundant in every language. The difficulty lies in choosing the most appropriate word that serves the poem's mood and meaning.

I am 30 *(page 56)*
Assonance and repetition propels the impossible questions the lover asks without saying them out loud. The sum of this poem is not in the last lines, but in *premonition of fading passion* emphasized by the only rhyme.

I am 50 *(page 58)*
Fibonacci, I am sure, had a good Italian sense of humour and would appreciate the irony of this monologue depicting a dominant wife and henpecked husband. A *binding contract* is an ancient and newly fashionable phenomenon.

I am 80 *(page 60)*
At 80, a woman can arrive at the age of understanding human affairs. She can select among memories and only dwell on the good ones. Rhymes make this poem rock.

Spinning planet song *(page 64)*
The first stanza's assertive optimism gradually darkens into a frightening future and at the end, arrives at the wilful denial of reality. Like the planets on their prescribed circles, some words keep returning. Only two new modifiers (*ebbing, shrinking*) signal the changes.

kerestem megfelelő rímeket az utolsó stanzák végére, mielőtt a *head-dead* és a *fejet-lehet* szerencsésen beilleszkedett. Nem tudom, hogy miért szeretek minden verset egy rímmel befejezni. Talán azért mert így jelzem, hogy itt a vége, fuss el véle. Talán azzal bolondítom magam, hogy megoldottam valamit. Sajnos nem tudtam a *smirk or giggle – fidget or fiddle* sorokat magyarul utánozni.

tízévesen *(page 55)*
Mit érthet meg egy gyermek a pubertás kora előtt? Mit csinálnak a szülei? Miért hagyják ki őt? Ez a vers gyors cselekvésekkel fejezi ki zűrzavarát a csodálkozástól a megalázásig.

A fordítás itt könnyűnek tűnhet, mert sok szó áll rendelkezésre minden nyelvben egyszerű akciók leírására, de a válogatás az, ami időbe telik. Például először a *fejem tetejére* gondoltam. Aztán jött a *fejem búbját* és a rím: *kölyökkutyát*.

harmincévesen *(page 57)*
Itt egy asszony félálomban fürkészi a jövőt. Ez a vers kérdések sorozata. Egész stanzákat kellett átdolgozni, mint például: *every inch of his body*, mert *testének minden hüvelykét* viccesen hangzana.

ötvenévesen *(page 59)*
Úgy képzelem, hogy Fibonaccinak jó olasz humorérzéke volt és észrevenné ebben a szerelmes monológban lappangó iróniát. Ma is írunk házassági szerződéseket.

nyolcvanévesen *(page 61)*
Egy nyolcvanéves asszony már szigorú ítélkezés nélkül tudja szemlélni az életet és nem pazarol időt a rossz napokra. Inkább újraéli a rímelő pillanatokat.

Cockcrow *(page 66)*
Waiting for dawn the mind is clear, uncluttered by the day. To express this, the poem uses metaphors and a triple assonance at the end.

A mother's day *(page 68)*
This poem is a dirge for mothers of soldiers sent away to die in wars far from home. The repetitions and the meter drive the meaning. It could be that, because the Hungarian language always stresses the first syllable, I often use the trochee, the foot, which has one stressed syllable followed by an unstressed one (*Mother of the fallen soldier*) and in other lines iambs (*that holds an oval frame*), more common in English prosody.

To God without envy *(page 72)*
I wrote this in 1979, and translated it in 2017, when I found the list of professions too long. I left out some. Instead of Poland and Samarkand, I added current problem spots.

I am 60 percent water *(page 76)*
Water knows no boundaries. The news of my body's scientifically analyzed components prompted this poem listing faraway places as my own tributaries. Some English words cause hopeless searches for fitting equivalents. *Icebergs calving off Antarctica* is translated as *crumbling icebergs* (*tördelő jéghegyek*) and *lapping London* (*kortyolja? verdesi? nyalogatja? – gulp? hit repeatedly? lick?*) is changed to *wash the streets of London*.

Taranaki New Zealand *(page 80)*
Only four months past this earthquake could I sit down and write about it. Rewritten countless times, this poem may never be finished.

forgó bolygó nóta *(page 65)*
Itt az első stanza ragyogó optimizmusa fokozatosan elsötétül egy félelmetes jövőbe és elérkezik a valóság konok tagadásához. A versben a szavak vissza-visszatérnek mint a bolygók előírt útjukon. Csak a végső módosítók (*éhűlt, kiszáradó, fakuló*) jelzik a változást.

Kukorékol a kakas *(page 67)*
Az angol címben a három "*k*"-ból csak kettőt hallunk, míg a magyar cím öt tisztán kiejtett "*k*"-val ékeskedik. De az *ebony blackboard of the night* sajnos okozott némi nehézséget és *fekete égbolt* lett belőle. A *birthing morning* lehetett volna *vajúdó reggel*, mégis *egy új nap születése* kettős értelmével (Nap mint égitest, nap mint 24 óra) győzött a végén.

Egy anya napja *(page 69)*
Itt a magyar kiejtés uralkodik. A hangsúly mindig az első szótagra esik. Habár ez szabad vers, és így megengedett a prózai ritmus, a kíváncsi olvasó találhat jambust és trocheust is. Az egyszerű mondatok pontos tényekre támaszkodva írják le egy anya fájdalmát. Kihagytam a sort, *those, who dispatched her son*, mert Magyarországon úgyis mindenki tudja, hogy a hivatalos szónokok küldték a fiát a csatatérre.

Istenhez *(page 73)*
Ezt 1979-ben írtam, de több mint 30 évig gondoltam. A háború után kezdtem kérdezni Istent. Miért engedett meg annyi szenvedést, annyi gyilkosságot? Nagyanyám jó katolikusnak nevelt, így csak tizenévesen mertem a papokat kérdezni. Angolul ez a vers is könnyebben ment, mint magyarul. Számos angol sort képtelen vagyok visszaadni, mert a fogalom nem létezik anyanyelvemben. Egy példa: az angol *rapist* - magyarul *erőszakos nemi közösülést elkövető*. Mi lehet az oka annak, hogy ez a szó nem létezik nyelvünkben? Fordítás közben találtam

Some months later, the new Hungarian version describes the quake in more detail. It is transposed into present tense and adds action verbs to bring the reader closer to the shaking walls.

Terra incognita *(page 84)*
This lament about the speed of obsolescence makes modern uncertainty palatable by employing end-of-line and internal rhymes, dactyls and assonance to illustrate a symbolic journey through the dumping ground of discoveries.

A girl in the red truck *(page 86)*
This is a rushing poem up to the last line. A few alliterations slipped in, and I managed to have them in the Hungarian version as well. I didn't want a rhyme in the last lines, which are supposed to open up the street horizon to the cosmos, but when *a tick of galactic time* slipped in, I had no heart to cut it out.

Just washed dog *(page 88)*
This spirited dialogue is about the clash of free wills that spilled into a poem. It started out much longer, sprinkled with swear words, and needed drastic pruning to arrive at the essence of the confrontation. The *close/nose* and *wet/epithet* rhymes and the few metrical feet are well-nigh accidental.

Aunt Mari *(page 92)*
After a long hesitation, I decided to include our meeting a year before she died, because it reveals her sturdy character, her sense of humour, her penchant for play.

At first this poem tried to be a ballad, telling the story of life through wars and revolutions, terror and deprivation. But the flies

néhány meglepő jelzőt: például *remegő velő*, *áldatlan zsákmány*, *borzadó tó és ölelő öröm*, amely egy testet és lelket elöntő, egész lényünket átölelő örömet sugall. Sikerült jó alliterációkat is találnom. Remélem, hogy az istenek megértik, hogy *királyok és kurvák* jobban hangzik mint *királyok és szajhák* és élvezik a k-val kezdődő négy helynév víg ütemét.

60 százalékom víz *(page 77)*
Tudományos statisztikai újdonságok egyszerre nagyítják és zsugorítják világunkat. Ez a vers felsorol egymástól távoleső helyneveket melyeknek magyar betűzése ritkán követi az angolt, inkább tükröz egy határozottan magyarosított kiejtést. A sorok ritka rímei első helyet hagynak a verslábak ritmusának. Daktilusok dekorálják az utolsó stanzát, ahol az utolsó sorok nem azonosak az eredeti angollal. *Sipping gingerly as my morning tea* helyett leírom a ködös reggelt Londonban amikor *vigyázva keverem* Hirosima felhőjét *egy csésze gőzölgő teában*.

Taranaki Új-Zéland *(page 81)*
Négy hónap telt el mielőtt le tudtam ülni, hogy írjak erről a földrengésről. Az angol verzió múlt időben próbálja távoltartani az eseményt. A fordítás, néhány hónappal később, jelen időben képes életre hívni a félelmetes reggelt és sok heves igével érzékeltetni a földteke labilis voltát.

Terra incognita *(page 85)*
Ezt a panaszdalt viszonylag könnyű volt lefordítani és új jelzőket találni az intellektuális ereklyék listájához. Kihagytam az ékezeteket. Helyettesítettem az *archaic Ph.D. thesest vézna teóriákkal* és beiktattam *az újonnan robbanó csillagokat*, melyeknek neveit manapság egyre nehezebb számontartani. Asszonáncok, mint például *tévelygek régi térképek között tele feledett helynevekkel* istápolják a szimbolikus vándorlót az útján.

kept coming. They provided the image of the glass fly catcher filled with the floating corpses of yesterday's flies, the symbols of the passing leaders of the century.

Testament *(page 98)*
My free form *ars poetica* could not resist becoming rhymed. The hammer blows of repetition and the iambic lines make each assertion undisputable.

eperpiros *(page 87)*
Ez egy rohanó vers. Csak az utolsó pillanatban vesz egy mély lélegzetet. Szokásomtól eltérően nem raktam egy rímet az utolsó stanza végére. Nyitva hagytam, hogy kirepülhessen a világűrbe. Egy pár alliteráción kívül nincs dekoráció.

Frissen mosott kutya *(page 89)*
Ez a párbeszéd két akarat összecsapását írja le. Egy-egy rím, asszonánc, alliteráció és a ritka versláb is csak szerencsés véletlen.

Mári ángyi *(page 93)*
Gyermekként minden nyáron látogattam Mári ángyit, anyám nagynénjét, aki férjével nagy szegénységben élt. Nekem ez akkor eszembe sem jutott. Ezt a verset 80 éves fejjel írtam, amikor mai tudásomat visszavetítettem a XX. századba.

testamentum *(page 99)*
Ezt a ráolvasást lassan kezdem és fokozatosan felgyorsulok, minden szót egyre nagyobb nyomatékkal mondva. *Én egy fanatikus vagyok golyóálló mellényben* borzasztóan hangzana. Ezért átírtam, és a *mellényből kalasnyikov* lett. A pap és a gyermek másképpen viselkednek az angol változatban. Mindezt a jó ritmus kedvéért tettem. A sorok a verslábak kotyvalékává váltak az első szótagos magyar hangsúly miatt.

Acknowledgements

Without the tireless help of Marianna Birnbaum, who offered to write the learned introduction in English and Hungarian, this book would not exist as a bilingual study of my struggles with the craft of translation. We met as children in Budapest, and we attended Eötvös Loránd University there in the early 1950s. Presently she is Professor Emeritus of the University of California, Los Angeles, with decades of experience in the art of literary translation from various languages.

After six decades of writing in English, my knowledge of Hungarian idiom has faded enough to be in urgent need of refreshment. Balint Kovacs, a young poet in Budapest has come to my aid, and by tireless email correspondence managed to polish my syntax, my antiquated vocabulary and punctuation, whose rules have been renewed in my absence. His patient understanding of my peculiar intentions in the poems has been especially appreciated.

My other priceless volunteer helper, Judit Tolnay, contributed her deep knowledge of colloquial Hungarian, much of it based in the area where my family on my mother's side originated. This Trans-Danubian Hungarian is rich in images that are disappearing as the modern media penetrates every nook and cranny of the country.

In English, especially for checking the Notes about each poem, I am indebted to my two excellent editors, Stephen Brown and Denis Brown, my family. They were strict critics where I needed it most. Denis also designed the lettering for the book cover.

Köszönettel

Nem könnyű verseket átültetni egyik nyelvből a másikba. Marianna Birnbaum szakértő előszava megvilágítja a nehézség okait és az irodalmi műfordítás problémáit. Amikor Birnbaum felajánlotta, hogy ír egy bevezetőt angolul írott verseim magyar fordításai alapján, ez a kétnyelvű könyv egy új hangsúllyal gazdagodott. Mi gyerekkorunkban találkoztunk Budapesten, és az 1950-s években az Eötvös Lóránd Tudományegyetem nyelv és irodalom szakos hallgatói voltunk. Jelenleg ő Professor Emeritus a University of Californián Los Angelesben.

Hat évtizeden át írtam angol nyelven Amerikában és Új-Zélandon. Nem csoda, hogy hirtelen nem tudtam az anyanyelvemen gondolkozni. Egy fiatal győri költő jött segítségemre. Kovács Bálint fáradságot nem kímélve küldött email javításokat, újra rendezett egész sorokat, ahol a szavak angolos sorrendben botladoztak, javította elavult szókincsemet és beavatott az új helyesírási szabályokba.

A másik felbecsülhetetlen értékű segítőm új-zélandi szomszédom, Tolnay Judit volt. Mint az én családom anyai ágról, ő is dunántúli származású és jártas ugyanabban a tájszólásban, amelyben nagyanyám felnevelt. Ez a tájszólás különösen gazdag olyan szavakban, amelyek már kihalóban vannak az uniformizált beszédben, mely feltartóztathatatlanul terjed a modern média hatására. Judit visszaidézte a régi beszédkultúra emlékeit és élvezetessé tette a munkát.

Az angol jegyzetek szerkesztésével családom, Denis és Stephen Brown segítettek, kimutatva, hogy gyakran visszaestem magyaros mondatszerkezetekbe. Ők tanácsolták, hogy rakjam a lábjegyzeteket a

Allan Innes-Walker generously designed the cover and the publicity posters at his Nelson HotHouse studio.

Thomas Pors Koed and Stella Chrysostomou of Volume, Independent Bookshop, of Nelson, advised me tirelessly, arranged for publicity and provided the venue for the book launch in their Nelson premises.

I am greatly indebted to all those who encouraged me through the decades to keep writing my poems, friends and fellow writers, among them Elizabeth Smither, Paul Maunder, Paddy Richardson, Dana Wensley, András Markó, Miles and Margaret Jackson, Heather Lindauer, Akky Leurink, Suzi Hume, Lynne and Bill Hume, Barbro and Ross Harris, Barbara Ewing, Chrissie Ward, Klára Szentirmay, John and Muriel Ridland, Gyula Kodolányi, Péter Czipott, Carol Ercolano, Craig Potton, Mark Raffills, Vincent O'Sullivan, Gordon and Penny Challis, Caroline Selwood and Mary Thornton and many others including the talented members of Nelson Live Poets.

Further thanks to Suzanne North and Dave MacManus of The Copy Press, Nelson, for the production of the book and for its distribution and worldwide publicity.

Acknowledgements are also due to the following publications where some of these poems first appeared: *Into the Teeth of the Wind, New Poetry Review*, Santa Barbara, California; *Magyar Szó*, Wellington; *kiwiboomers.com*, Auckland; *Chalk and Cheese*, and *Russell Review*, Russell; *the cut NEW NELSON WRITING*, Nelson; *Stir-Fry*, Nelson Writers Group; *Hungarian Review*, Budapest; *Budapest Girl*, Nelson.

könyv végére és ne préseljem be a versek alá. Denis rendezte a betűket is a könyv borítólapjára.

Allan Innes-Walker tervezte a szép borítólapot és a reklám plakátokat a nelsoni Hothouse Stúdióban.

Thomas Pors Koed és Stella Chrysostomou, a Volume Independent Bookshop tulajdonosai Nelsonban, sok jó tanácsot adtak és újságokban, valamint az interneten hirdették a könyvet. A Volume könyvesbolt volt az első könyvbemutató színhelye.

Hálás vagyok mindazoknak, akik sok éven keresztül bátorítottak, íróknak, barátoknak és olvasóknak. Ezek között van: Elizabeth Smither, Paul Maunder, Paddy Richardson, Dana Wensley, Miles és Margaret Jackson, Heather Lindauer, Akky Leurink, Suzi Hume, Lynne és Bill Hume, Barbro és Ross Harris, Chrissie Ward, Klára Szentirmay, John és Muriel Ridland, Gyula Kodolányi, Péter Czipott, Carol Ercolano, Craig Potton, Mark Raffills, Vincent O'Sullivan, Gordon és Penny Challis, Caroline Selwood, Mary Thornton és a Nelson Live Poets tehetséges tagjai.

Külön köszönet jár a CopyPressnek Nelsonban, ahol Dave MacManus és Suzanne North figyelmes szakértelemmel szerkesztették, kinyomatták és ma is világszerte terjesztik könyveimet az interneten keresztül.

Szintén köszönettel tartozom az alábbiaknak, ahol ezek a versek megjelentek: *Into the Teeth of the Wind, New Poetry Review*, Santa Barbara, California; *Magyar Szó*, Wellington; *kiwiboomers.com*, Auckland; *Chalk and Cheese* and *Russell Review*, Russell; *the cut NEW NELSON WRITING*, Nelson; *Taxi! Taxi!*, Nelson; *Stir-Fry*, Nelson Writers Group; *Hungarian Review*, Budapest; *Budapest Girl*, Nelson.

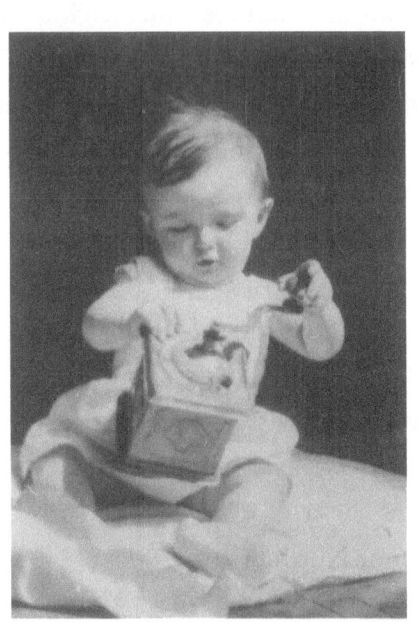

www.ingramcontent.com/pod-product-compliance
Lightning Source LLC
Chambersburg PA
CBHW021953290426
44108CB00012B/1058